Max Fuchs

Kulturpolitik

Elemente der Politik

Herausgeber:
Hans-Georg Ehrhart
Bernhard Frevel
Klaus Schubert
Suzanne S. Schüttemeyer

Die ELEMENTE DER POLITIK sind eine politikwissenschaftliche Lehrbuchreihe. Ausgewiesene Expertinnen und Experten informieren über wichtige Themen und Grundbegriffe der Politikwissenschaft und stellen sie auf knappem Raum fundiert und verständlich dar. Die einzelnen Titel der ELEMENTE dienen somit Studierenden und Lehrenden der Politikwissenschaft und benachbarter Fächer als Einführung und erste Orientierung zum Gebrauch in Seminaren und Vorlesungen, bieten aber auch politisch Interessierten einen soliden Überblick zum Thema.

Max Fuchs

Kulturpolitik

VS VERLAG FÜR SOZIALWISSENSCHAFTEN

Bibliografische Information Der Deutschen Nationalbibliothek
Die Deutsche Nationalbibliothek verzeichnet diese Publikation in der
Deutschen Nationalbibliografie; detaillierte bibliografische Daten sind im Internet
über <http://dnb.d-nb.de> abrufbar.

1. Auflage 2007

Alle Rechte vorbehalten
© VS Verlag für Sozialwissenschaften | GWV Fachverlage GmbH, Wiesbaden 2007

Lektorat: Frank Schindler

Der VS Verlag für Sozialwissenschaften ist ein Unternehmen von
Springer Science+Business Media.
www.vs-verlag.de

Das Werk einschließlich aller seiner Teile ist urheberrechtlich geschützt. Jede Verwertung außerhalb der engen Grenzen des Urheberrechtsgesetzes ist ohne Zustimmung des Verlags unzulässig und strafbar. Das gilt insbesondere für Vervielfältigungen, Übersetzungen, Mikroverfilmungen und die Einspeicherung und Verarbeitung in elektronischen Systemen.

Die Wiedergabe von Gebrauchsnamen, Handelsnamen, Warenbezeichnungen usw. in diesem Werk berechtigt auch ohne besondere Kennzeichnung nicht zu der Annahme, dass solche Namen im Sinne der Warenzeichen- und Markenschutz-Gesetzgebung als frei zu betrachten wären und daher von jedermann benutzt werden dürften.

Umschlaggestaltung: KünkelLopka Medienentwicklung, Heidelberg
Druck und buchbinderische Verarbeitung: Krips b.v., Meppel
Gedruckt auf säurefreiem und chlorfrei gebleichtem Papier
Printed in the Netherlands

ISBN 978-3-531-15448-0

Inhalt

1 Einleitung ... 7

2 Grundlagen ... 10
2.1 Was ist Kultur? Ein kulturtheoretischer Werkzeugkasten der Kulturpolitik ... 10
2.2 Was ist Politik? ... 20
2.3 Kulturfunktionen ... 24
2.4 Was ist Kulturpolitik? ... 28

3 Dimensionen der Kulturpolitik ... 43
3.1 Akteure ... 43
3.2 Konzeptionen, Ziele und Aufgabenverteilung in der Kulturpolitik ... 50
3.3 Begründungsweisen in der Kulturpolitik ... 55
3.4 Kulturpolitik international ... 67

4 Aktuelle Probleme und Herausforderungen ... 85
4.1 Herausforderungen ... 85
4.2 Der demographische Wandel als kulturelle Herausforderung ... 86
4.3 Streitfall Leitkultur ... 92
4.4 Staatsziel Kultur ... 96
4.5 Auswärtige Kultur- und Bildungspolitik ... 109
4.6 Die ökonomische Seite der Kultur ... 116

Literaturverzeichnis ... 126
Kommentiertes Literaturverzeichnis ... 130

1 Einleitung

„Kultur", so beginnt der englische Literaturwissenschaftler und Kulturtheoretiker Terry Eagleton (2001) sein Einführungsbuch in die Kulturtheorie, ist eines der komplexesten Worte der englischen Sprache. Für die deutsche Sprache dürfte derselbe Befund gelten. Außerdem, so kann man ergänzen, gehört „Kultur" zu den weitgehend positiv besetzten Worten. Wie sonst könnte man es sich erklären, dass sein Gebrauch inflationär, geradezu uferlos ist. Man spricht von Kulturbeuteln und Kulturhauptstädten, von Unternehmenskultur und einer Diskussionskultur, meist einer, die fehlt. Von „Kultur" spricht man im Alltag wie inzwischen auch in allen wissenschaftlichen Disziplinen. An der positiven Anmutung dieses Wortes hat selbst der Bestseller des amerikanischen Politikwissenschaftlers Samuel Huntington nichts geändert, der im „Kampf der Kulturen" (1996) die Weltpolitik der Gegenwart und Zukunft bestimmt sah.

Das Wort geht einem offenbar sehr leicht von den Lippen, obwohl dahinter durchaus ernste Sachverhalte stehen können: „Kultur", so Eagleton (a.a.O., S. 182), „ist nämlich entschieden das, wofür wir leben: Liebe, Beziehungen, Erinnerung, Verwandtschaft, Heimat, Gemeinschaft, emotionale Erfüllung, geistiges Vergnügen, das Gefühl einer inneren Sinnhaftigkeit". Wenn etwas derart existentiell und umfassend berührt, dann wundert es nicht, wenn man dafür auch Kriege führen kann. „Kultur" bezieht sich offensichtlich auf etwas, das eine große Rolle im Leben spielt und einen Machtfaktor darstellt.

In der Tat trifft auch dies zu: Kultur ist ein Machtfaktor. Der englisch-amerikanische Sozialwissenschaftler Michael Mann hat dies in seiner umfassenden „Geschichte der Macht" (1994) berücksichtigt, indem er neben den traditionellen Quellen von Macht (Ökonomie, Militär und Staat) die Kultur (er spricht allerdings von „Ideologie") als vierte Machtquelle systematisch in seine Darstellung einbezieht. Wohlgemerkt: Noch ist nichts darüber ausgesagt, was „Kultur" im Sinne dieses Buches bezeichnen könnte. Doch zeigt bereits diese erste Annäherung, dass es sich um etwas Wichtiges handeln muss. Es spielt im Alltag ebenso eine Rolle wie in Fachwissenschaften. Man stellt es auf dieselbe Stufe wie Ökonomie oder Militär. Sein Anwendungsbereich ist offensichtlich unbegrenzt. Wenn dies alles so zutrifft, dann lässt sich auch ohne nähere Kenntnis feststellen, dass eine politische Gestaltung dieses Kulturellen sinnvoll sein muss.

Doch wie lässt sich ein solch weites Politikfeld Kultur beschreiben, das sich vom Hygieneartikel Kulturbeutel bis zum ernstzunehmenden Machtfaktor erstreckt?

Nun beginnt niemand sein Nachdenken über Kultur und Kulturpolitik am Nullpunkt. Das Problem besteht vielmehr darin, dass wir alle viel zu viel über „Kultur" wissen und dieses Zuviel oft genug zu Orientierungsproblemen führt. Das Anknüpfen an Alltagserfahrungen muss also kanalisiert und fokussiert werden. Auch dies gelingt, ohne den Alltag zu verlassen. Denn jede Tageszeitung, die auf sich hält, hat ein Feuilleton oder einen Kulturteil. „Kultur" in diesem Verständnis hat es dann zu tun mit neueröffneten Ausstellungen, mit neuen Büchern und Filmen, mit Preisen, die „Kulturschaffende" erhalten oder auch zurückweisen. Letzteres gehört offensichtlich schon nicht mehr zur Kunstproduktion im engeren Sinne, sondern zu politischen Strategien der Ermutigung und Förderung, also zu „Kulturpolitik". Kulturpolitik, so ließe sich dies deuten, hat also mit Kunstförderung zu tun, also mit Geld. Sie hat offensichtlich auch mit Personen und Personalpolitik zu tun. Und es sind immer wieder vorwiegend künstlerische Ereignisse, die eine Rolle spielen. Es gibt offenbar Menschen, die sich hauptberuflich mit derartigen Fragen befassen. Es gibt eine Öffentlichkeit, die sich dafür interessiert. Und es spielen anscheinend Menschen aus unterschiedlichen Arbeitskontexten eine Rolle: neben KünstlerInnen und PolitikerInnen auch Beschäftigte in Ministerien oder Kommunalverwaltungen, es melden sich Verbände zu Wort, es gibt offenbar gesetzliche Regelungen, die man einhalten muss oder gegen die man verstoßen kann.

Auch wenn in Feuilletons künstlerische Ereignisse dominieren, so findet man auch immer wieder Artikel zu allgemeineren gesellschaftlichen Fragen, etwa zum Wertewandel, zur Rolle der Religionen, zu dem Verhältnis der Generationen, Geschlechter oder ethnischen Gruppen. Dieser Eindruck bestätigt sich, wenn man das bislang einzige tägliche Kulturmagazin – nämlich die „Kulturzeit" auf 3SAT – sieht. Legt der erste Eindruck aus Feuilletons nahe, dass „Kultur" im Wesentlichen mit Kunst zu tun hat, so wird man dies nunmehr korrigieren müssen. Wenn man zudem erfährt, dass „Kultur" als Wirtschaftsfaktor und als Arbeitsmarkt – immerhin sind es je nach Zählweise bis zu 1 Mio. Menschen, die im Kultur- und Medienbereich in Deutschland beschäftigt sind – eine nicht unerhebliche Bedeutung auch in dieser Hinsicht hat, dann erscheint eine gründlichere Information über dieses vielleicht unbekannte Feld sinnvoll.

Zu fragen ist also, was denn „Kultur" im Rahmen einer noch näher zu beschreibenden Disziplin Kulturpolitik bedeutet. Man kann dabei sinnvoll die aus dem Journalismus bekannten W-Fragen stellen: Wer macht was wozu, womit und für wen? Damit ordnet man Kulturpolitik ein in die inzwischen auch in Deutschland eingeführte politikwissenschaftliche Systematik, die *policy*, *polity* und *politics* unterscheidet. Bezogen auf die Kulturpolitik bedeutet dies die Analyse und Darstellung folgender Aspekte:

Policy: die inhaltliche Dimension von Kulturpolitik, also die Konzepte und Ziele
Polity: die Institutionen, die formalen und strukturellen Gegebenheiten
Politics: die politischen Aushandlungsprozesse, die beteiligten Akteure und ihre Handlungsformen und -logiken.

Wir werden uns daher mit Verständnisweisen von „Kultur" und „Politik" befassen, werden Akteure und mögliche Handlungsformen kennenlernen und auch auf die Frage der Wirksamkeit dieser Gestaltungsaktivitäten eingehen. Im letzten Kapitel werden einige aktuelle Fragen und Debatten dargestellt, die in den nächsten Jahren auch für die Kulturpolitik relevant sind.

2 Grundlagen

2.1 Was ist Kultur? Ein kulturtheoretischer Werkzeugkasten der Kulturpolitik

„Kultur" – so hat es sich bereits in der Einleitung angedeutet – hat viele Bedeutungen und Verwendungsmöglichkeiten. Doch welches ist der Kulturbegriff, der in der Kulturpolitik sinnvoll anzuwenden ist? Ein Problem bei der Klärung dieser Frage besteht darin, dass sich mit kulturpolitischen Themen sehr viele Menschen mit ganz unterschiedlichen Ausbildungen befassen. Da es in den vergangenen 10 bis 20 Jahren in fast allen Wissenschaftsdisziplinen einen „cultural turn", also die Entdeckung der Relevanz von symbolisch ausgedrückten Bedeutungen gab, hat die wissenschaftliche Befassung mit „Kultur" erheblich zugenommen. Diese Entwicklung hat jedoch gerade nicht zu einer Klärung der Begrifflichkeit, sondern vielmehr zu einer wechselseitigen Abgrenzung spartenspezifischer Kulturdiskurse geführt.

All diese Fachleute unterschiedlicher Disziplinen bringen ihre sehr unterschiedlichen Kulturbegriffe in den kulturpolitischen Diskurs ein, sprechen also alle über „Kultur", meinen allerdings oft etwas sehr Verschiedenes. „Kultur" wird daher gerade nicht zu einem Mittel einer Vergemeinschaftung durch eine gemeinsame Fachsprache, sondern eher zu einer Markierung von Unterschieden zwischen verschiedenen fachlichen Zugangsweisen.

Das Interessante an dieser Entwicklung besteht darin, dass damit der Kulturbegriff seine ursprüngliche Bedeutung wiedererlangt, die er bei der Einführung in die Sprache der Gebildeten hatte und die in der Folgezeit verdrängt wurde. Dies zeigt ein kleiner historischer Exkurs.

⇨ Cicero und seine Tusculanischen Schriften sind hier als erster Fundort zu erwähnen. Cicero, berühmter Rechtsanwalt und Politiker in Rom, hatte sich gerade mal wieder unbeliebt gemacht, so dass es seiner Gesundheit förderlich erschien, ein wenig Zeit auf dem Land zu verbringen. Da die die Römer in ihrer praktischen Orientierung eine solche Zeit nicht nutzlos verstreichen lassen wollten, hat Cicero (wie berühmte Vorgänger, etwa Cato der Ältere) die Zeit genutzt, um eine Anleitung zur Landwirtschaft zu schreiben. In dieser Anleitung findet sich die berühmte Parallelisierung, in der er von der Pflege des Ackers (cultura agri) spricht und diese vergleicht mit der cultura animi, der Pflege des Geistes, als die er die Philosophie verstand.

⇨ Eine zweite Etappe ist nach etwa 2000 Jahren bei dem deutschen Philosophen Herder einzulegen. Herder verdanken wir die bahnbrechende Erkenntnis, dass der Mensch auf sehr viele verschiedene Weisen menschlich leben kann. Für uns klingt das heute möglicherweise selbstverständlich, vielleicht sogar banal. Man muss sich allerdings vorstellen, dass es zur Zeit Herders eine verbreitete Überzeugung war, dass man nur als Europäer menschenwürdig leben kann. Zur Beschreibung der Vielfalt von Lebensformen, die der Mensch auf der Welt entwickelt hat, führt Herder den Kulturbegriff ein. Gerade angesichts unserer Leitkulturdebatte ist es immer wieder notwendig, darauf hinzuweisen, dass Kultur vom ersten Augenblick an, in dem dieser Begriff in der Sprache der Gebildeten in Europa erscheint, ein Begriff der Vielfalt ist: Es geht nicht um die Kultur, sondern es geht immer um Kulturen in einer emanzipatorischen Absicht, nämlich mit dem Ziel, die Gleichberechtigung unterschiedlichster Lebensformen („Kulturen") zu belegen.

⇨ Zur Aufklärung gehört ein weiterer wichtiger Gedanke, der schon bei Cicero angelegt war, der Gedanke der Perfektibilität: Es ist dem Menschen möglich und in die Wiege gelegt, dass er sich und seine Verhältnisse ständig verbessert. Dahinter steckt ein überaus optimistisches Bild vom Menschen, dass dieser nämlich nicht bloß entwicklungsbedürftig, sondern auch entwicklungsfähig ist. Und hierbei spielt die Pädagogik eine wichtige Rolle, die aus diesem Grunde in der Aufklärung eine große Konjunktur hatte.

⇨ Mein letzter Gewährsmann in dieser kulturtheoretischen Klärung ist Ernst Cassirer (1990). Zu Recht erfährt seine Philosophie der Symbolischen Formen als eine höchst anspruchsvolle Kulturphilosophie, die er in den 20er Jahren entwickelt hat, heute eine unglaubliche Konjunktur. Ernst Cassirer – Jürgen Habermas nennt ihn das letzte Universalgenie des 20. Jahrhunderts – war nicht nur im Hinblick auf die Unterstellung eines überaus optimistischen Menschenbildes ein Kind der Aufklärung. Er musste allerdings am eigenen Leib als Jude erfahren, zu welcher Barbarei und Destruktivität der Mensch fähig ist. Dass diese Barbarei des Nationalsozialismus ausgerechnet in Europa und dann auch noch in Deutschland stattgefunden hat, konnte er Zeit seines Lebens nicht begreifen. In systematischer Hinsicht führte das bei ihm zu der Erkenntnis, dass der optimistische und humanistische Kulturbegriff deutlich erweitert werden muss um destruktive Potentiale: Zur Kultur gehört eben auch, dass der Mensch fähig und in der Lage ist, sich selbst und andere und auch die Natur zu zerstören.

Daraus ergibt sich sofort eine Gestaltungsaufgabe: Kultur im Sinne einer Perfektibilität, einer Humanisierung des Menschengeschlechtes geschieht nicht im Selbstlauf. Kultur ist eine Gestaltungsaufgabe, ganz so wie es der Biologe und Philosoph Helmut Plessner (1976) in seiner Anthropologie auch beschrieben hat: Die erste und wichtigste Aufgabe des Menschen ist es, sein Leben bewusst zu führen. Und hierfür bedarf er vielfältiger Hilfsmittel, insbesondere bedarf er einer pädagogischen Unterstützung, um die notwendigen Kompetenzen zu erwerben.

Tritt man von diesen historischen Erläuterungen einen Schritt zurück, so lässt sich folgendes festhalten:

Herder führt einen Kulturbegriff ein, der sich auf alle Lebensäußerungen einer bestimmten Gruppe von Menschen bezieht: „Kultur" bezeichnet deren Lebensweise. Dies ist der Kulturbegriff der Ethnologen. In der ethnologischen Fachdebatte hat man unter Beibehaltung dieses pluralen Konzeptes gerade in den vergangenen Jahren die folgenden Korrekturen angebracht: Herder ging bei seinen Vorstellungen noch davon aus, dass Kulturen homogen, eher statisch und recht genau voneinander abgrenzbar sind. In allen drei Dimensionen weiß man dies heute besser: Kulturen haben stets eine innere Dynamik, die zudem durch Kulturbegegnungen erhöht wird. Kulturen sind zudem nie homogen, sondern ständig in Austauschprozessen. Man kann sagen, dass der Modus des Kulturellen das Interkulturelle ist. Man spricht von Creolisierung und von hybriden Kulturen, von Interkultur und von transkulturellen Prozessen, um das Nicht-Statische, das ständige Mischen und die Offenheit der Ränder zu bezeichnen.

Diese Erkenntnis ist nicht nur kultur-, sondern auch gesellschaftspolitisch sehr wichtig, denn ohne sie versteht man kulturelle Prozesse in multiethnischen Gesellschaften nicht. Allerdings bereitet es den Menschen und insbesondere vielen Politikern immer wieder große Probleme, diese Erkenntnis auch anzuerkennen. Aktuell zeigt sich eine solche Erkenntnisschwierigkeit bei einigen Debattenbeiträgen zu dem schwierigen Konzept der „Leitkultur", hinter dem eine erhebliche Verunsicherung vermutet werden muss, was denn noch das „Eigene" ist angesichts der Tatsache, dass viele „Fremde" durch das seit kurzem gültige Einbürgerungsrecht nunmehr die deutsche Staatsangehörigkeit haben (vgl. 4.3). Wir benötigen daher alle in den modernen Gesellschaften als Teil unserer kulturellen Kompetenz die Fähigkeit, mit Vielfalt umzugehen.

Gerade in der Kulturpolitik, vor allem in der internationalen Kulturpolitik der UNESCO, ist dieser Gedanke der Vielfalt immer schon lebendig gewesen, hat jedoch seit etwa fünf bis zehn Jahren einen deutlichen Schub erhalten (dazu mehr in Kap. 3.4)

In der UNESCO hat man von Anbeginn an den so genannten „weiten Kulturbegriff" der *Ethnologen* (Kultur als Lebensweise) vertreten und stets sehr viel Wert auf Vielfalt gelegt. Man verwendete lange Zeit das Bild von Kultur als einem Mosaik. Seit einigen Jahren wurde dieses Bild, das zwar Vielfalt gut zum Ausdruck bringt, allerdings eine statische Vielfalt suggeriert, durch das Bild von der Kultur als einem Fluss ersetzt.

Von dem ganzheitlichen Kulturbegriff der Ethnologen ist der Kulturbegriff der *Kulturphilosophie* zu unterscheiden. Dies ist deshalb ein wenig schwierig, weil auch dieser ein Totalitätsbegriff ist, da er sich auf alles bezieht, was der Mensch „macht". Es gibt zwar auch in diesem philosophischen Feld eine große Zahl unterschiedlicher Ansätze. Doch lässt sich der folgende Grundgedanke in vielen Ansätzen finden.

Dem Menschen, so kann man grob seine Entwicklungsgeschichte rekonstruieren, gelingt es im Zuge dieses Entwicklungsprozesses zunehmend, Gestaltungsmacht über seine Lebensbedingungen zu gewinnen. Wie genau dies geschehen ist, wird die Forschung sicherlich noch lange beschäftigen. Immerhin hat man dem (riesigen) Zeitraum, in dem dies passiert ist, einen Namen gegeben: Tier-Mensch-Übergangsfeld. Der Mensch gestaltet also die Bedingungen seines Überlebens und „produziert" hierbei auch seine Kompetenzen: Welt- und Selbstgestaltung sind zwei Seiten derselben Medaille. Der Biologe und Philosoph Helmut Plessner (1976) hat zur Beschreibung dieses Vorgangs den Begriff der „exzentrischen Positionalität" eingebracht: Der Mensch lebt nicht länger – wie die Tiere – aus seiner Mitte heraus, sondern er kann zumindest virtuell aus dieser Mitte heraustreten und sich so selbst zum Gegenstand von Betrachtungen machen. „Reflexivität" heißt das Zauberwort, und es bezeichnet einen grundsätzlich nicht abschließbaren Prozess. Es entsteht so zunehmende Bewustheit seines Handelns, seines Seins in der Welt. Er gewinnt Freiheit, dies allerdings um den Preis, dass er diese Gestaltungsverpflichtung nicht mehr rückgängig machen kann: Die Gestaltung des eigenen Lebens wird zur zentralen Aufgabe des Menschen. Neue Generationen müssen dabei nicht immer wieder am Nullpunkt beginnen, weil sie in bereits gestaltete Umwelten hineingeboren werden, also umgeben sind von Dingen und Regeln, die bedeutungsvoll für ihr Überleben sind. Durch tätigen Umgang lernen sie en passant deren Bedeutung und eignen sich somit schnell das akkumulierte Wissen früherer Generationen an.

Die Welt des Menschen ist also eine gemachte Welt. „Kultur" bezeichnet diese grundlegende Dimension des Gemachtseins.

Die Selbstgestaltung des Menschen, so wie sie sich aus dem tätigen Umgang mit der gestalteten Umgebung ergibt, lässt sich so als subjektive Seite der Kultur bezeichnen. Eine klassische Begriffsbestimmung nimmt diesen Gedanken auf: Bildung ist die subjektive Seite der Kultur, Kultur die objektive Seite der Bildung.

Auch dieser kurze Einblick in die Philosophie des Menschen und der Menschwerdung soll im Hinblick auf seine Relevanz für die Kulturpolitik betrachtet werden.

Zunächst einmal stellt er den engen Zusammenhang von Bildung und Kultur dar. Er zeigt, dass bewusste Lebensführung die erste Aufgabe des Menschen ist. Er zeigt, dass der Mensch nur durch produktive Tätigkeit zum Menschen geworden ist. Diese Produktivität zeigt sich auch daran, dass er äußerst einfallsreich eine Vielzahl unterschiedlicher Weisen, die Welt zu verstehen und zu seiner Welt zu machen, entwickelt hat, sogar: hat entwickeln müssen. Der Mensch stellt im Zuge dieser Entwicklung fest, dass selbst die kleinste soziale Gruppe Regeln braucht. Er schafft Ordnung im Chaos der Naturereignisse, indem er phantastische Geschichten erfindet, wie die unbezwingbaren Naturmächte – wie etwa Blitz und Donner – in Form von Göttergestalten doch in ein sinnvolles Ganzes eingebunden werden können. Er entwickelt Formen eines Umgangs mit Ressourcen, die seine Überlebenschancen verbessern. Die kaum noch hintergehende letzte Zielstellung des Menschen ist nämlich genau die: zu überleben. Der gerade in den letzten Jahren wieder zu Ehren gekommene Philosoph Ernst Cassirer, der vor den Nazis die Flucht ergreifen musste und wenige Tage vor dem Ende des Krieges in New York gestorben ist, hat in einer umfassenden „Philosophie der symbolischen Formen" die oben skizzierten Grundgedanken systematisch dargestellt. Derzufolge entwickelt der Mensch und nur der Mensch Sprache, Politik, Kunst, Mythos und Religion, Wirtschaft, Wissenschaft und Technik als unterschiedliche Möglichkeiten, die Welt (und sich) zu erfassen, zu begreifen und letztlich zu gestalten. „Kultur" ist bei Cassirer die Summe dieser symbolischen Formen. Der Mensch wird zum Menschen durch Kultur. Anthropologie und Kulturphilosophie sind daher zwei Seiten derselben Medaille. Der Mensch ist ein „Macher", doch nicht alles, was er macht, gelingt oder trägt – wie Cassirer es formuliert – zur Selbstbefreiung des Menschen bei. „Kultur" ist nämlich nicht nur humanitär und produktiv, sie kann auch erhebliche destruktive Potentiale entfalten. Dies bezieht sich nicht nur auf den (Schumpeterschen) Grundgedanken aus der Ökonomie, dass mit jeder Produktion von Gütern bestimmte Dinge zerstört werden (Wälder werden etwa abgeholzt, um Möbel herzustellen). Es geht auch um handfeste Zerstörungsabsichten wie Krieg und Unterdrückung. Für die (Kultur-)Politik ist dies ein wichtiger Gedanke: *Wenn es keinen Automatismus einer Entwicklung zum Guten gibt, dann muss man kulturelle Prozesse bewusst gestalten, um Schaden abzuwenden.*

Der philosophische Kulturdiskurs liefert uns also grundlegende Aussagen über den Menschen schlechthin, über seine Kulturfähigkeit, über die Notwendigkeit, über Normen und Ziele unseres Handelns nachzudenken. Somit wird der philosophische Kulturbegriff zu einer weiten Grundlage der Kulturpolitik.

Selbst wenn man nunmehr wüsste, wie eine wünschenswerte Entwicklung des Menschen und der Welt aussehen könnte, so wird man zur Kenntnis nehmen müssen, dass all dies nicht so einfach zu realisieren ist. Insbesondere muss man in der komplexen modernen Gesellschaft eine Vielzahl komplizierter Spielregeln beachten.

Im 19. Jahrhundert hat sich aufgrund der brutalen Entwicklung der frühkapitalistischen Gesellschaft („soziale Frage") als neues System der Selbstbeobachtung die Soziologie entwickelt. Was hält die neue Gesellschaft zusammen, wie geht sie mit Friktionen, Spannungen oder gar Spaltungen um? Welche neuen Gruppierungen („Klassen") entstehen, wie geht man mit dem Anspruch auf Mitgestaltung um? Wie geschieht die Ablösung ehemals herrschender (Feudal-)Klassen durch die mächtigen neuen Herren? Wie muss generell die politische Ordnung beschaffen sein, die die neuen Machtverhältnisse berücksichtigt? Viele Fragen also. Interessant in unserem Kontext ist, dass die neu entstehende Zunft von Soziologen recht schnell kulturelle Faktoren mit einbezog. Soziologie, so eine verbreitete These, ist sehr stark als Kultur-, genauer: als Religionssoziologie entstanden: Welche Rolle spielen Werte bei der gesellschaftlichen Integration (oder dem Zerfall)? Es kann hier nicht darum gehen, diese Entwicklung nachzuzeichnen. Zu erinnern ist jedoch daran, dass sich die heutige Soziologie immer noch an der Schrift „Die protestantische Ethik und der Geist des Kapitalismus" abarbeitet, die Max Weber 1905 publizierte. Die kulturellen Grundlagen der Gesellschaft und vor allem der Wirtschaft: Sie sind nach wie vor von größtem Interesse. Aus diesem Grund bleibt der *soziologische Fachdiskurs* über diese Frage ausgesprochen relevant auch für die Kulturpolitik. Auf zwei bedeutende Ansätze will ich hier hinweisen.

In gewisser Weise hat der junge amerikanische Soziologe Talcott Parsons die Theorien der großen europäischen Soziologen

(Tönnies, Durkheim, Weber etc.) systematisiert und eine Modellvorstellung der modernen Gesellschaft entwickelt, die über viele Jahrzehnte eine große Attraktivität hat. Derzufolge besteht die Gesellschaft aus vier Subsystemen: der Wirtschaft, der Politik, dem Sozialen und der Kultur. Jedes dieser Subsysteme hat nicht nur eine spezifische Funktion (Wirtschaft: Versorgung mit Gütern und Dienstleistungen; Politik: Herbeiführen relevanter Entscheidungen zur Gestaltung des Gemeinwesens; Soziales: Integration; Kultur: Sinndiskurs), jedes Subsystem hat auch ein spezifisches Medium und eine besondere Handlungsrationalität (Geld; Macht; Solidarität; Sinn). Insbesondere hat das Kultursystem (mit seinen „Kulturmächten" Wissenschaft, Religion, Kunst, Bildung) die Aufgabe, ständig Prozesse in den drei anderen Subsystemen (der „Welt") zu reflektieren und in Hinblick auf deren Legitimation zu bewerten.

Der Kulturbegriff in diesem Ansatz ist ein bedeutungstheoretischer, der letztlich auf Max Weber zurückgeht („Kultur ist ein vom Standpunkt des Menschen mit Sinn und Bedeutung bedachter Wirklichkeitsausschnitt"; Weber 1988, S. 175ff). „Kultur" hat dabei etwas mit Werten, mit stabilen Mustern („pattern") zu tun, die von Generation zu Generation im Interesse der Erhaltung der Stabilität der Gesellschaft weitergegeben werden müssen.

Vor dem Hintergrund der oben dargestellten ethnologischen Kultur-Debatte sieht man gleich das Problem: Es ist ein wenig pluraler und zudem stark auf Homogenität und Stabilität angelegter Kulturbegriff, der in dieser Form heute kaum noch vertreten wird (zu dem aktuellen soziologischen Kulturdiskurs siehe Reckwitz 2000).

Ein zweiter bedeutender Kultursoziologe ist Pierre Bourdieu. Seine vermutlich wichtigste Publikation (1987), eine empirische Studie, für die er über 15 Jahre gebraucht hat, liefert mit ihrem Titel zugleich einen wichtigen kulturpolitischen Slogan: Die feinen Unterschiede. Dass „Kultur" weniger ein Medium der Integration ist, sondern vielmehr in ihrem Kern „unterscheiden" bedeutet, hat uns schon Herder mit auf den Weg gegeben. Bourdieu knüpft hier an und fügt noch eine entscheidende Erkenntnis dazu: Es geht nicht bloß darum, dass kulturelle Praxen und Ausdrucksformen verschieden sind, sie markieren auch unterschiedliche Positionen im Sozial- und Machtgefüge der Gesellschaft. Seine empirischen

Studien gehen von dem Konzept des sozialen Raumes aus. Dieser Raum wird aufgefüllt von Menschen, die über zweierlei „Kapital" verfügen: über ökonomisches Kapital, so wie wir es kennen, also etwa über Berufe und Stellungen, die ein bestimmtes Einkommen gewähren. Es gibt jedoch noch eine zweite Kapitalsorte, über die wir verfügen: unsere Bildungsabschlüsse. Diese nennt Bourdieu „kulturelles Kapital". Beide Kapitalsorten sind empirisch zu ermitteln. Außerdem kann man fragen, welche kulturellen Aktivitäten Menschen mögen: Sehen sie gerne Krimis oder gehen sie lieber in klassische Konzerte? Spielen sie Golf oder Karten? Fahren sie einen 2 CV (die „Ente") oder einen Volvo? Aus all diesen Daten entwickelte Bourdieu das Bild einer lebendigen, allerdings klassenmäßig strukturierten Gesellschaft, bei der er sehr enge Korrelationen zwischen der Art des kulturellen Konsums, der jeweiligen Kombination der beiden Kapitalsorten und dem gesellschaftlichen Ort erstellen konnte. Seine zentrale Aussage: Gerade der Kulturkonsum und vor allem die seit Kant „autonomen" Künste haben nicht die Befreiung des Menschen als Wirkung, sondern sie zementieren dessen Platz in der Gesellschaft. Sage mir, was du kulturell tust, und ich sage dir, wo du hingehörst. Die ungerechte Klassengesellschaft, so Bourdieu, bleibt stabil, weil die Menschen mit ihren zutiefst in ihrer Psyche verankerten ästhetisch-kulturellen Präferenzen sich selbst die guten oder schlechten Plätze in der Gesellschaft aussuchen – und dies auch noch gut finden. Kunst und Kultur sind also der geheime Kitt, der die Klassengesellschaften so zusammenhält, wie sie immer schon waren.

Es liegt auf der Hand, dass diese enge Verbindung von Kunst und Macht von höchstem kulturpolitischen Interesse ist. Denn wir werden (später) sehen, dass sich gerade an dem Umgang mit hoher Kunst große Erwartungen an die Befreiung des Menschen, an humane gesellschaftliche Verhältnisse knüpfen: Bourdieu war und ist für jede demokratische Kulturpolitik eine entscheidende Herausforderung.

Bislang wurde ein weiter ethnologischer, ein philosophischer und ein soziologischer Kulturbegriff vorgestellt. Bei Bourdieu hat sich jedoch bereits angedeutet, dass die Künste, also das, was man im weitesten Sinne „ästhetische Kultur" nennen kann, eine wichtige Rolle spielen. Dies ist auch tatsächlich der Fall. Selbst wenn spätestens seit der Weltkonferenz zur Kulturpolitik in Mexiko im Jahre 1982 der „weite Kulturbegriff" (Kultur als Lebensweise) offiziell eingeführt und bestätigt war, so spricht die alltägliche Praxis eine andere Sprache. Man betrachte einmal einen beliebigen städtischen Kulturetat oder die Kulturausgaben in Deutschland generell. Wenn man die Kosten für die Opernhäuser, Museen, Bibliotheken, Orchester und Theater abzieht, bleibt nur noch ein kleiner Betrag übrig. Dieser wird dann verteilt auf Künstlerförderung, Amateurkunst, Stadtteilarbeit, soziokulturelle und kulturpädagogische Einrichtungen. Man muss es eingestehen: Obwohl seit den siebziger Jahren auf der Ebene des Europa Rates, in der kulturpolitischen Debatte der Kommunen oder in wichtigen kulturpolitischen Verbänden der „weite Kulturbegriff" boomt, ist die Realität immer noch recht eng auf die traditionellen Künste und ihre Vermittlung bezogen. Dies hat mehrere Gründe.

Ein erster Grund ist ein philosophischer. Denn schon Zeitgenossen von Herder, allen voran Friedrich Schiller, haben in den Künsten eine hervorragende Kulturleistung der Menschen gesehen, die zudem eine Befreiung versprach. Einflussreich sind bis heute Schillers „Briefe zur ästhetischen Erziehung", mit denen er sich bei dem Grafen zu Augustenburg im Jahre 1795 für ein mehrjähriges Stipendium bedankte. Sein Ansatz: Auf der Basis von Kants „Kritik der Urteilskraft" aus dem Jahre 1790, in dem dieser das Ästhetische als neben Erkennen und Moral dritter großer Weltzugangsweise begründete und im freien Spiel der Kräfte des Menschen verankerte, gab er eine politische Deutung dieser Autonomie-Ästhetik. Denn bei Kant findet sich schon der Gedanke, dass es gerade die Freiheit von äußeren Zwängen, von äußerer Zweckmäßigkeit ist, die eine Konzentration auf die rein ästhetische Zweckmäßigkeit künstlerischer Werke lenkte. Und: Der Mensch genießt dies als Akt der Befreiung. Schiller dachte diesen Ansatz weiter – immerhin lag der Freiheitsgedanke nach den Revolutionen in England und Frankreich und der Befreiung der amerikanischen Kolonien in der Luft: Wenn die Menschen Freiheit in der ästhetischen Gestaltung als lustvoll erleben, dann springt vielleicht von dort der Funke auch auf den Wunsch nach politischer Freiheit über. Ästhetische Praxis und die Künste waren also gerade durch ihre Trennung vom Alltag emanzipationsfördernde Tätigkeiten.

Kein Wunder, dass einer der führenden Theoretiker einer sozialdemokratischen Kulturpolitik in seiner wichtigsten Programmschrift umfassend Schillers Briefe zitiert (Glaser/Stahl 1974).

Die Geschichte nahm jedoch einen anderen Verlauf. Deutschlands politische Einigung ließ im 19. Jahrhundert bekanntlich auf sich warten. Das Bürgertum, das inzwischen in anderen europäischen Ländern nicht nur in der Wirtschaft, sondern auch in der Politik die Hegemonie erkämpft hat, suchte in Deutschland nach einem Ersatz für eine angemessene politische Mitwirkung. Es fand sie in den Künsten und in den Kultureinrichtungen. Man traf sich daher etwa im Theater, sah sich bürgerliche Trauerspiele an, fühlte sich auf diese Weise hervorgehoben, geadelt geradezu – und war damit zufrieden (vgl. Nipperdey 1990).

Politisch relevant ist bis heute beides: Die philosophischästhetische Freiheitslehre eines Schiller als Lieferantin für Grundüberzeugungen Kulturschaffender, aber auch die Erblast des bürgerlichen Kulturbetriebes. Letzterer ist gerade in Deutschland sehr gut ausgebaut (dichteste Theater-, Orchester-, Opern- und Museumslandschaft weltweit), wobei selbst in den einschlägigen Kunstszenen das Problem diskutiert wird, dass das Bürgertum als ursprüngliche Trägergruppe dieses Kulturbetriebes abhanden zu kommen droht bzw. andere sinn- und identitätsstiftende Orte und Medien nutzt. Wir kommen darauf zurück. Doch zunächst müssen wir uns dem zweiten Wortbestandteil in der Kulturpolitik, der Politik nämlich, zuwenden.

2.2 Was ist Politik?

Die etwas naive Frage, was denn „Kultur" sei, hat uns in einen Dschungel von Debatten, Diskursen und Definitionen geführt, aus dem man sich nur unter heftiger Nutzung einer Machete einen Weg heraus bahnen konnte. Denn die hier vorgestellten Kulturkonzepte sind praktisch nur die Spitze eines Eisberges. In der Tat hatten fleißige Forscher bereits in den fünfziger Jahren des letzten Jahrhunderts eine dreistellige Anzahl von Kulturbegriffen gesammelt – und dies auch noch ohne Anspruch auf Vollständigkeit. Manchmal hilft offenbar nur eine Brachialmethode, um eine verloren zu gehen drohende Orientierungsfähigkeit wiederherzustellen. Die Frage nach der Rolle der Kultur in der Gesellschaft und ihrer Wirksamkeit hätte uns vor ebenso große Orientierungsprobleme gestellt, wenn ich die Anzahl der vorgestellten Gesellschaftskonzepte nicht von vornherein drastisch eingeschränkt hätte. Der Vollständigkeit und der Redlichkeit halber will ich daher hier nachtragen, dass es auch hier eine große Fülle unterschiedlicher Konzepte gibt. Die Anzahl bleibt selbst dann noch im höheren zweistelligen Bereich, wenn man sich auf gut fundierte, theoretisch abgeklärte und empirisch gestützte Konzepte beschränkt. Gute Dienste leisten daher einige inzwischen vorliegende Gesamtdarstellungen, in denen man sich über die gesellschaftswissenschaftliche Marktlage informieren kann (z. B. Kneer, G./Nassehi, A./Schroer, M. 1997). Jeder informierte Zeitungsleser könnte inzwischen ohne weiteres Soziologiestudium eine ganze Reihe solcher Gesellschaftsbeschreibungen auflisten: Klassengesellschaft, Industriegesellschaft, Risikogesellschaft und und und. Man kann eine gewisse Ordnung in diese Modelle, die oft genug mit einem zeitdiagnostischen Anspruch daher kommen, dadurch herstellen, dass man nach der jeweiligen Vorstellung und Verortung des identifizierten Hauptcharakteristikums fragt. So sind Dienstleistungs-, Industrie- oder Agrargesellschaft eindeutig auf das Subsystem Wirtschaft bezogen, die Klassen- oder Lebensstilgesellschaft auf das Subsystem Soziales. Interessant sind in unserem Kontext solche Charakterisierungen, die im Kulturbereich die maßgeblich prägende Kraft finden: Die Wertewandelgesellschaft, die Multioptionsgesellschaft oder die Erlebnisgesellschaft beziehen sich offensichtlich auf kulturelle Prozesse, denen man offenbar eine größere Relevanz zubilligt als Entwicklungen im Bereich der Wirtschaft oder Politik. Einige der Etikettierungen sind dabei untereinander kompatibel, andere widersprechen sich allerdings, so dass auch hier eine individuelle Entscheidungsnotwendigkeit bleibt.

Angesichts dieser Vielzahl an Theorieangeboten sowohl für „Kultur" als auch für „Gesellschaft" verwundert es nicht mehr, dass man auch für „Politik" vor einer großen Auswahl steht. Aber auch für dieses Feld gibt es Handbücher und Sammelbände, die die Orientierung erleichtern. Neben den Klassikern der politischen Philosophie von Platon und Aristoteles bis zu den ersten Theoretikern der bürgerlichen Gesellschaft und ihrer wünschenswerten Ordnung (Machiavelli, Hobbes, Locke, Kant etc.) erfasst das Handbuch „Politische Theorien der Gegenwart" (Brodocz/Schaal 2001/2002) 29 wohlbegründete Ansätze. Es geht nicht anders in diesem Text, als dass man erheblich diese Komplexität reduzieren muss. Dies fällt allerdings auch deshalb leicht, weil es keineswegs so ist, als ob es im Rahmen einer jeden der Politik-Theorien auch schon eine ausgearbeitete Theorie oder zumindest Konzeption der Kulturpolitik gäbe.

Vielleicht ist sogar an dieser Stelle der richtige Ort zu einer Klarstellung. Vermutlich ist unter allen denkbaren Politikfeldern der Bereich der Kulturpolitik derjenige, der am wenigsten über eine (politik-)wissenschaftliche Theorienbildung verfügt. Das bedeutet nicht, dass das gesamte Feld unreflektiert seine Praxis betreibt (obwohl man durchaus einen gewissen Praktizismus feststellen muss). Es gibt vielmehr viele Reflexionen und Diskurse über Kunst, Kultur, Politik und Bildung. Es gibt durchaus auch Debatten darüber, wohin sich unsere Gesellschaft bewegt. Was allerdings fehlt, ist eine identifizierbare Scientific Community mit eigenen wissenschaftlichen Publikationsorganen, vielleicht sogar mit widerstreitenden Schulen und ihren Anhängern, so dass jeder, der sich forschend und schreibend auf dieses Feld begibt, zur Zeit seine eigene Tradition begründen kann. Was also könnte „Politik" in der Kulturpolitik bedeuten?

Wiederum gehe ich schrittweise vor. Eine Anerkennung der Notwendigkeit einer politischen Steuerung des Gemeinwesens gehört quasi zum Grundbestand des Nachdenkens des Menschen über sich. Man kann sogar in den ersten überlieferten Philosophien immer wieder die Auseinandersetzung mit den beiden zusammenhängenden Fragen finden: Wie gestalte ich mein Leben so, dass bestimmte Glücksansprüche erfüllt werden (dies ist das je individuelle „Projekt des guten Lebens"), und wie muss die Gesellschaft beschaffen sein, dass dies den Menschen auch möglich ist (dies ist die Frage nach der „wohlgeordneten Gesellschaft"). Für Ernst Cassirer war die politische Denkform neben Wissenschaft, Religion, Kunst etc. eine symbolische Form, wobei wir hier die Frage ausblenden können, ob die Arbeitstätigkeit, die Sprache, die Politik, die Religion oder die Kunst das Ursprüngliche in der Menschwerdung war. Als symbolische Form gehört Politik bei Cassirer zur Kultur, was sofort plausibel ist, da die Selbstorganisation der Gemeinschaften eine Notwendigkeit für das Ziel des Überlebens ist: Es geht darum, auch hier Ordnung (also „Kosmos") in das Chaos zu bringen. Nun sind sicherlich bestimmte Strukturmomente des politischen Handelns in der Antike und in modernen Gesellschaften gleich. Doch sind andererseits die Unterschiede zwischen den Gesellschaften so groß, dass wir einen großen Sprung in die Gegenwart machen sollten.

Thomas Meyer (2000) beginnt sein Buch mit dem Titel „Was ist Politik?" mit einer kleinen Übersicht über gängige Politikbegriffe. Grundanliegen der Politik ist seiner Ansicht nach die Erzeugung verbindlicher Regelungen für die Gemeinschaft. Politik hat es mit der Steuerung sozialer Prozesse zu tun, Politik bezieht sich auf soziale Gemeinschaften, Politik funktioniert nach Spielregeln. In der Einleitung wurde die heute verbreitete (analytische) Aufteilung in policy, polity und politics erwähnt, die Ziele, Inhalte und Konzepte (policy), Institutionen (polity) und handelnde Akteure und ihre Handlungsformen (politics) unterscheidet. Politik hat es dabei mit Steuerungsfragen zu tun, wobei – ganz im Sinne der Moderne – immer wieder eine Krise der Politik dahingehend proklamiert wird, dass Steuerung komplexer Gesellschaften überhaupt nicht mehr möglich ist, Politik daher (ebenso wie Geschichte, Religion, Kunst und vieles andere) an ihr Ende gekommen sei. Die Art und Weise, wie die erwähnten „verbindlichen Entscheidungen" zustande kommen, ist maßgeblich für die Charakterisierung des politischen Systems (und war es auch schon in den politischen Philosophien in Griechenland, die Demokratie, Tyrannis und Königtum unterschieden).

In der Politik geht es stets um Macht, um die Möglichkeit also, eigene Vorstellungen durchsetzen zu können. Bereits an dieser Stelle könnte man sich vorstellen, dass ein Verständnis von Politik, das auf dem machtvollen Durchsetzen eigener Meinungen und Ziele basiert, mit einer Vorstellung von Kultur, für die Vielfalt, Anerkennung und Diskurs Leitkategorien sind, nicht so einfach zusammenkommt. In der Tat lassen sich viele kluge Bücher darüber schreiben, wie gerade in der deutschen Geschichte Kulturschaffende ihre naserümpfende Politikabstinenz kultiviert haben.

Thomas Mann ist hier ein gutes Beispiel, der gegen Ende des ersten Weltkrieges in seinen „Betrachtungen eines Unpolitischen" einer solchen Position eine falsche, aber brillante Begründung gegeben hat, um 20 Jahre später im Exil seinen Fehler zu erkennen (und wieder gutzumachen; vgl. zu diesem und zu anderen Beispielen Lepenies 2006). Bei diesem Verhalten von Künstlern handelt es sich nicht bloß um psychologisch zu erklärende Fehltritte Einzelner, sondern es kommen hierbei die unterschiedlichen Funktionen der jeweiligen Subsysteme Kultur bzw. Politik zum Ausdruck. Dies lässt sich bereits an der „Arbeitsweise" in beiden Bereichen verdeutlichen. Wir alle erwarten von Politikern, dass sie bei bestimmten Problemen nach zugestandenen Beratungen eine Entscheidung gemäß vorgegebener Spielregeln treffen. Sie müssen diese Entscheidung treffen, damit das System als Ganzes handlungsfähig bleibt. Allerdings wissen diese Entscheider, dass sie damit eine ganze Reihe wohlbegründeter Gegenargumente einfach ignorieren. „Der Handelnde", so schon Friedrich Dürrenmatt, „hat immer unrecht".

Hat der Kulturbereich, so wie obern erläutert, die Funktion, in der Gesellschaft ablaufende Prozesse zu reflektieren, zu bewerten und auf dieser Basis Prozesse der Legitimierung oder Delegitimierung in Gang zu halten, so bedeutet dies gerade bei politischen Entscheidungen, die Gegenargumente lebendig zu halten. Die Gesellschaft braucht nämlich beides: Die handelnde Entscheidung und das reflektierende Innehalten.

2.3 Kulturfunktionen

Sowohl aus anthropologischen und kulturphilosophischen Überlegungen, aber auch aus einer soziologischen Analyse der Funktionsweise unserer Gesellschaften lässt sich neben der oben erwähnten Reflexionsaufgabe eine ganze Reihe weiterer Kulturfunktionen identifizieren. Einige haben mit der Möglichkeit zu tun, die Vielfalt von Wahlalternativen bei Lebensentscheidungen aufrecht zu erhalten. „Vielfalt" ist daher eine kulturelle Leitkategorie. Es geht zudem immer wieder um Sinnangebote im Hinblick auf die Deutung des Lebens und den möglichen Entwurf alternativer Lebensvorstellungen. Der Mensch, so der kanadische Philosoph Charles Taylor, ist das sich ständig selbst interpretierende Tier. Hierfür braucht er allerdings Angebote und Vorstellungen, auf die er sich beziehen kann – auch um aus einer gewissen Enge je eigener Lebensumstände herauszukommen. Orientierung und Sinnstiftung haben an Bedeutung gewonnen, da offenbar der moderne Mensch zu Sinn- und Orientierungskrisen neigt. Der Preis der Freiheit ist die Notwendigkeit, ständig Entscheidungen treffen zu müssen. Zur Interpretation des gelebten Lebens gehören Kenntnisse über die Entstehung von Identitäten. Historisches Bewusstsein hilft ebenso bei der Verortung wie Visionen bei der Entwicklung von Lebenszielen helfen.

Traditionellerweise zählen seit dem Ende des 19. Jahrhunderts zu dem Kulturbereich „Kulturmächte" wie Religion und Wissenschaft, Sprache, Kunst, öffentliche Medien sowie das Bildungssystem.

All diese Kulturmächte erfüllen Kulturfunktionen. Gelegentlich machen sie sich sogar Konkurrenz, wenn es etwa um Sinnstiftung geht. Man muss sich nur einmal die Beziehung zwischen Religion und Kunst ansehen. Im 19. Jahrhundert entwickelt sich hier geradezu ein Konkurrenzverhältnis. Man sprach von „Kunstreligion" und baute die Kunsteinrichtungen durchaus in architektonischer Konkurrenz zu den Kirchen und Kathedralen („Kunsttempel"). Doch erfüllten insbesondere die Künste derartige Kulturfunktionen?

Beispiel Kunst

Es wird später noch zu zeigen sein, dass und wie Aufgaben der Kulturpolitik jenseits der Künste bestimmt werden. Doch gibt es wie gesehen gute Gründe, dem Umgang mit den Künsten eine hervorgehobene Rolle zuzubilligen. Eine Hauptschwierigkeit gerade in Deutschland besteht dabei darin, dass man sich mit einem hochideologischen Kunstdiskurs auseinandersetzen muss. Es wurde oben angedeutet, dass dieser weniger mit der Wirkungsweise der Künste selbst, sondern mit ihrer sozialen und politischen Deutung in einer bestimmten historischen Situation zu tun hat. Aber welche Wirkungen hat der unmittelbare Umgang mit Kunst? Entgegen vollmundigen Behauptungen ihrer Autonomie haben Künste durchaus soziale und politische Wirkungen, so wie sie insbesondere Bourdieu entschlüsselt und belegt hat. Sie bieten außerdem Anlässe zur Begegnung, verschönern den Alltag, bereiten Vergnügen. All dies wusste man schon in der Antike, weswegen Platon sie alle mit Ausnahme der Musik am liebsten aus der Polis verbannt hätte. Anthropologisch bewegt man sich ebenfalls auf sicherem Fundament. Ernst Cassirer zählt sie zu den symbolischen Formen. Man darf ihre Entstehung, die Genese eines eigenständigen ästhetischen Ausdrucks und eines auf Form, Farbe und Gestaltung konzentrierten Weltbezugs gleich ursprünglich zu den scheinbar unmittelbarer mit dem Überleben verbundenen Formen der Wirtschaft und der Technik werten.

Ohne Kunst, so lassen sich alle anthropologischen Studien zusammenfassen, ist menschliches Leben ein unvollständiges Leben. In philosophischen Systemen kennt man daher über die Jahrtausende hinweg neben der theoretisch-wissensbezogenen und der moralischen Weltzugangsweise die ästhetische Zugangsweise zur Welt, die sich nicht auf die beiden anderen zurückführen lässt. Viele völkerrechtlich relevante Dokumente, von der Allgemeinen Erklärung der Menschenrechte über den Pakt für ökonomische, soziale und kulturelle Rechte, die Kinderrechtskonvention bis zur aktuellen Konvention zur kulturellen Vielfalt sprechen daher von einem Menschenrecht auf Spiel und Kunst. Viele interessante Theorien sind entwickelt worden, wieso der Mensch ästhetischen Ausdruck braucht. Die einen sehen in der Wertschätzung ästhetischer Äußerungen eine entwicklungsgeschichtliche Erbschaft: Während man früher auf bestimmte Signale aus der Natur instinktmäßig und zwanghaft mit einem genormten Verhalten reagieren musste, hat man im Stadium des Menschseins diese blinde Befolgung naturgesetzlichen Instinktverhaltens überwunden. Im bloß noch ästhetischen Genuss vormalig handlungsauslösender Signale genießt man nunmehr die gewonnene Freiheit.

Man mag diese Überlegungen für hoch spekulativ halten. Doch kommt darin zum Ausdruck, dass der Mensch mit seinen Errungenschaften immer wieder auch dann sich selbst in den Mittelpunkt stellt, wenn er sich scheinbar auf Fremdes einlässt. Dem

Menschen ist offenbar eine Freude an seiner Entwicklung mitgegeben.

In diese Richtung scheinen heute auch Ergebnisse der Hirnforschung zu weisen, die zeigen, dass das Gehirn nicht bloß auf kreatives Schaffen (das Spiel der Vermögen im Sinne von Kant und Schiller) angelegt ist, sondern dieses auch noch mit der Ausschüttung von Endorphinen belohnt. Auch der Autonomiegedanke spielt eine wichtige Rolle. Denn es ist ja wahr: Solange man im hektischen Betrieb des Alltags steht, ist alles in uns auf die funktionale Erledigung von Aufgaben gerichtet und wir werden auch nur in dieser Funktionalität wahrgenommen. Unsere Ganzheitlichkeit ist nicht so sehr gefragt, so dass wir selbst sie vielleicht aus den Augen verlieren. Wir brauchen daher Zeiten der Muße, in denen wir selbst Gelegenheit haben und dazu angeregt werden, uns selbst zu entdecken. Ästhetische Erfahrung findet dann statt, wenn man sich handlungsentlastet auf Farben und Formen einlässt. Es kommt hinzu, dass wir ohne Sanktionen riskieren zu müssen fragen dürfen, was der Künstler uns mit seinem Werk denn eigentlich sagen möchte, man sich also durchaus kindliche Neugierde leisten kann. Und es ist von großer Bedeutung, dass es auf die verständliche Frage nach dem Sinn und der Bedeutung möglicherweise keine eindeutige oder überhaupt keine Antwort gibt. Denn Kunstwerke, so lehrte es schon Umberto Eco, sind offen in ihrer Auslegung. Wir leisten uns die Frage nach dem Sinn, weil die Vermutung begründet ist, dass es im künstlerischen Schaffensprozess einen solchen gibt. Nur hat auch der Künstler kein privilegiertes Recht, uns diesen zugleich mit seinem Werk auch mitzugeben. Offenbar leistet dies die Kunst und nur die Kunst: Zu zeigen, dass es noch sinnvolle Fragen gibt, zugleich aber aufzuzeigen, dass es auf manche Fragen keine eindeutigen Antworten gibt. Man erinnere sich, dass genau dies als gesellschaftliche Aufgabe des Kultursystems beschrieben wurde: Offenheit herzustellen, die Vielfalt an Möglichkeiten aufrecht zu erhalten jenseits scheinbarer Eindeutigkeiten, zu denen Politik und Wirtschaft oft genug in ihrer Entscheidungsnotwendigkeit gezwungen sind.

Wenn man all dies zu akzeptieren geneigt ist, dann muss man allerdings auch ernst machen mit einer weiteren Aussage der Menschenrechte. Dort ist nämlich die Rede von kultureller Teilhabe, und dies meint immer: kulturelle Teilhabe für alle. Es gibt gerade dann, wenn man das Recht auf Spiel und Kunst anerkennt, überhaupt keinen Grund dafür, dieses einzelnen Menschen oder Gruppen vorzuenthalten. Nimmt man die obigen Erkenntnisse der Kultursoziologie über die sozialen Trennungspotentiale gerade eines Kunstumgangs hinzu, dann ergibt sich eine gewaltige politische Gestaltungsaufgabe: Welche ästhetischen Erfahrungsmöglichkeiten können wem zugänglich gemacht werden? Wie durchbricht man das „eherne Gesetz" von Bourdieu, dass Künste die Menschen eher trennen als zusammenführen? Soll oder kann man dies überhaupt? Sollte man anstatt von „Kultur für alle" nicht lieber von dem universellen Recht auf kulturelle Teilhabe sprechen? Aber woran soll man teilhaben? Viele Fragen also. Man wird nunmehr zeigen müssen, wer sich um Antworten bemüht.

2.4 Was ist Kulturpolitik?

Nachdem oben die Vielfalt sowohl von Kultur- als auch von Politikbegriffen aufgezeigt wurde, liegt es nahe, beides nunmehr zusammenzuführen.

Ohne Anspruch auf Vollständigkeit, allerdings als systematischer Ertrag der obigen Ausführungen, kann man ein systematisches Raster erstellen, bei dem man jedes Verständnis von Politik mit jedem Kulturbegriff in Beziehung setzt und überprüft, ob sich sinnvolle Fragestellungen daraus ergeben.

Eine zweite Annäherung an den Begriff der Kulturpolitik ergibt sich aus den oben vorgestellten anthropologischen Überlegungen zur Kunst. Man kann nämlich definieren:

„Kulturpolitik" kann als absichtsvolle Nutzung der Wirkungen gerade der Künste und ästhetischen Praxen, und dies bereits auf einer frühen Stufe der Menschheitsentwicklung, verstanden werden."

Damit werden die Auftraggeber der Höhlenmalereien ebenso zu Kulturpolitikern wie diejenigen, die unter dem Motto „Brot und Spiele" in Rom den Massen blutrünstige ästhetische Erlebnisse angeboten haben.

Abbildung 1: Kulturpolitik zwischen Politik und Kultur

Politik als (u. a.):		Kultur als (u.a.):
Klassenkampf		materielle Kultur
Herrschaft		geistige Kultur: Kunst, Religion, Sprache …
goal attainment (Parsons)		Wertespeicher
authoritative allocation of values (Easton)		Gesamtheit sozialer Praktiken
spezifische Kommunikationsmuster von Gesellschaft mit Ziel verbindlicher Entscheidungen (Luhmann)		symbolische Ordnung
		Lebensweise
		Kommunikation
Aushandlungsprozess (Habermas)		Angabe des Maßes der Menschlichkeit
Gestaltung des Gemeinwesens		
polity	←→	
politics		
Politikstrategien unterschiedlicher Akteure	Jedes Konzept von Kultur kann sinnvoll mit jedem Verständnis von Politik kombiniert werden, sodass eine große Zahl diskutabler Verständnisweisen von Kulturpolitik entsteht	
Bund Staat Markt Zivilgesellschaft		anthropologischer Kulturbegriff
Länder Staat Markt Zivilgesellschaft		ethnologischer Kulturbegriff
Kommunen Staat Markt Zivilgesellschaft		soziologischer Kulturbegriff
EU		
Weltorganisationen		

Eine dritte Annäherung an den Begriff der Kulturpolitik könnte in der Analyse ausgewählter Definitionen bestehen.

So beschreibt die Kulturpolitische Gesellschaft, über Jahrzehnte die wichtigste zivilgesellschaftliche kulturpolitische Organisation, bei ihrer Gründung im Jahre 1976 das Ziel der Kulturpolitik im Anschluss an einen zentralen Topos der Debatte des Europa-Rates in ihrer Satzung:

> „Den Prozeß der kulturellen Demokratisierung voranzutreiben, das heißt:
> 1. die überlieferte Trennung zwischen der scheinbar unpolitischen und ästhetisch-intellektuellen Welt des Geistes und den Realitäten des Alltags überwinden zu helfen,
> 2. der Entfaltung und Entwicklung der sozialen, kommunikativen und ästhetischen Möglichkeiten und Bedürfnisse aller Bürger zu dienen, und die aktive Beteiligung aller Schichten der Bevölkerung am kulturellen Leben zu gewährleisten,
> 3. kulturelle Alternativen und Innovationen zum traditionellen Kulturangebot zu ‚ermöglichen'".

In einer Bilanz nach zwanzig Jahren heißt es in der „Hagener Erklärung" von 1996:

> „Auf dem Hintergrund dieser Zielsetzung hat die Kulturpolitische Gesellschaft in den 20 Jahren ihres Bestehens für sozio-kulturelle Projekte und Einrichtungen geworben, die kulturelle Bildung gefördert und auf die Dringlichkeit multikultureller Angebote hingewiesen. Sie hat die kulturellen Potentiale in den ländlichen Regionen sowie in den Stadtteilen in das Blickfeld des kulturpolitischen Interesses gerückt, die Position der freien Kulturszene gestärkt, Vorschläge zur Reform der traditionellen Kultureinrichtungen gemacht und sich in Debatten um das Verhältnis von Sozialem und Kulturellem sowie die Nutzung neuer Medien aktiv eingeschaltet."

An Aktivitäten zur Umsetzung dieses Zieles werden aufgelistet: Werbung für das genannte Ziel; Hinweise auf die Dringlichkeit, Kultur in den Mittelpunkt des Interesses zu rücken; Vorschläge dazu zu machen; sich in Debatten einschalten. Kulturpolitik ist in diesem Verständnis im wesentlichen Diskurs. Dies entspricht –

wie oben gezeigt – auch einer zentralen Aufgabe des Kulturbereichs.

Eine dritte Annäherung nehme ich aus der „Geschichte der Staatsgewalt" eines Autors, der auch eine „Geschichte der Lebensformen" verfasst hat. Wolfgang Reinhard (1999, S. 88) schreibt:

> „Kulturpolitik als Machtpolitik gehört zwar zur politischen Kultur eines Gemeinwesens, stellt aber nur einen engen Ausschnitt daraus dar, nämlich die bewusste Kontrolle und Instrumentalisierung bestimmter kultureller Felder durch und für die Staatsmacht. 1919 hat sie der preußische Kulturminister Carl Heinrich Becker zeitbedingt definiert als „bewusste Einsetzung geistiger Werte im Dienste des Volkes und des Staates zur Festigung im Innern und zur Auseinandersetzung mit anderen Völkern nach außen." Heute betrifft Kulturpolitik die fünf Felder Religion, Kunst, Medien, Bildung und Wissenschaft, Freizeit und Sport."

Knapp, pragmatisch und illusionslos wird hier ein nach wie vor vorhandenes Verständnis von Kulturpolitik beschrieben:

⇨ Kulturpolitik ist staatliche Politik.
⇨ Sie besteht aus verschiedenen Feldern.
⇨ Sie hat eine klare Aufgabenstellung, die neben Integration auch etwas mit der Herstellung von Massenloyalität zu tun hat („Legitimation").
⇨ Sie dient der Herstellung nationaler Identität.

Kulturpolitik als staatliche Politik ist dabei politisch neutral, denn es bleibt durchaus offen, ob der Staat eine Diktatur oder eine parlamentarische Demokratie ist. Man erinnere sich an die Kulturpolitik der Nationalsozialisten, die ungeniert Kultur als Mittel des ideologischen Klassenkampfes genutzt hat. Der Machthistoriker Reinhard bezieht in seine Definition ausdrücklich die Bundesrepublik mit ein. Darauf wird man zurückkommen müssen.

Interessant ist, dass man es dabei durchaus mit einem „weiten Kulturbegriff" zu tun hat. Denn neben den Künsten sind weitere

Bereiche (Religion, Bildung etc.) genannt. Es ist zwar nicht der weite Kulturbegriff der UNESCO oder der Neuen Kulturpolitik, so wie er seit den 70er Jahren des letzten Jahrhunderts entwickelt wurde. Doch ist es genau der „erweiterte" Kulturbegriff, so wie er heute der Auswärtigen Kultur- und Bildungspolitik zugrunde liegt: Als additive Zusammenfassung einzelner Felder.

Vergleicht man nunmehr die drei Definitionsvorschläge, so stellt man erhebliche Unterschiede fest:

⇨ Die erste Definition spricht unspezifisch von zu nutzenden Wirkungen der Künste. Wer diese mit welchem Ziel nutzt, bleibt unklar. In jedem Fall muss es nicht bloß der „Staat" sein.
⇨ Die definitorischen Erläuterungen der Kulturpolitischen Gesellschaft haben zum einen eine demokratie-theoretische Ausrichtung und nehmen das universelle Recht auf Teilhabe auf. Von den Handlungsformen her bewegt man sich jedoch vollständig im Subsystem Kultur („Diskurs"). Kulturpolitik ist hier also eher „Kultur" als Politik.
⇨ Die Definition von Reinhard verortet Kulturpolitik eindeutig im Subsystem Politik. Sie ist lediglich eine Spielart des Machterhalts mit einer starken etatistischen Tendenz: Es ist ausschließlich der Staat, der agiert.

Man kann Kulturpolitik offensichtlich sehr unterschiedlich begründen:

⇨ anthropologisch, aber politisch eher neutral,
⇨ demokratie-theoretisch, allerdings eher in der sanften Form kultureller Debatten,
⇨ rein machtpolitisch und dieses fokussiert auf den Staat.

Reinhard bezieht sich in seiner Definition auf einen Kulturpolitiker am Beginn der Weimarer Republik. Ist dies legitim, zumal wir oben von einem dynamischen Kulturbegriff gesprochen haben? Ist möglicherweise der Blick zudem ein wenig verengt, wenn man lediglich auf die deutsche Tradition mit ihrer immer stark etatistischen Tendenz blickt?

Beide Einwände lassen sich untersuchen: Zum einen durch einen Blick über die Nationalgrenzen hinaus, zum anderen durch einen Blick in die Geschichte.

Aus soziologischer Sicht liegen zwei Untersuchungen vor, die eine Periodisierung von Kulturpolitik bzw. von vorherrschenden Kulturkonzepten vorschlagen. Albrecht Göschel (1991) legt als Ergebnis einer empirischen Untersuchung eine Typologie vor, die im Zehnjahresabstand einen Wechsel des Kulturbegriffs konstatiert und so zu einem Generationenmodell gelangt. Er unterscheidet in seinen Kapitelüberschriften

⇨ die 1930er Jahrgänge: Kunst und Kultur als zeitloser Wert,
⇨ die 1940er Jahrgänge (die 68er): Analytische Distanz und Aufklärung,
⇨ die 1950er Jahrgänge: Ganzheitliche Lebenswelt,
⇨ die 1960er Jahrgänge: Konsumentensouveränität als spielerische Ästhetisierung.

Im Ergebnis konstatiert er „Ungleichzeitigkeiten".

Man kann auf dieser Grundlage nicht bloß eine Pluralität von Kulturbegriffen in der Gesellschaft belegen, sondern auch „Politik" als Wettbewerb zwischen Generationen verstehen, die jeweils ihrem Kulturbegriff (was jeweils auch einen spezifischen Kulturpolitikbegriff zur Folge hat) zur Geltung verhelfen wollen. Solche Generationsmodelle sind hilfreich und wurden auch schon in anderen Disziplinen, etwa der Jugendforschung, angewandt. Die folgende Übersicht (Abb.2) stellt einige dieser Typologien zusammen.

Abbildung 2: Sozialer Wandel – kultureller Wandel

betrachtete Zeit	politikeinflussreicher (Geburts-)Jahrgang	Jahrgang der Jugendgeneration	Charakterisierung der Zeit (Schulze)	Sozialstrukturanalyse	Bildungskonzept	politische Bildung	vorherrschende Rationalitätsform (Fend)	Motive der Kulturpolitik (Schulze)	Kunst- und Kulturbegriff (Göschel)	Trägergruppe	kulturpolitische Handlungsrationalität	Persönlichkeitstyp
50er Jahre	1900/1910	Jg. 1940	Restauration der Industriegesellschaft	Schichtenmodell	musische Bildung	partnerschaftliche Bildung		Hochkulturmotiv	Wertekonzept (kontemplative Kunstreligion)	traditionelles Bildungsbürgertum	Kulturpflege, Bewahren der Tradition Hochkultur	Verkörperung der instrumentellen Vernunft: homo faber homo economicus
60er Jahre	1930		Kulturkonflikt	nivellierte Mittelstandsges. (Schelsky) / formierte Gesellschaft (Erhardt)			Rationalismus (instrumentelle Weltbeherrschung)	Demokratisierungsmotiv	Arbeits- und Aufklärungskonzept (rational-analytisch)	„Flakhelfergeneration" / kritische Intelligenz	Verteilungsgerechtigkeit / Emanzipation	Verkörperung der praktischen Vernunft (Moral und Politik)
70er Jahre	1940	1950	Erlebnisgesellschaft	Klassengesellschaft	sozial kulturelle Bildung	Konfliktdidaktik	Sozialprinzip (Ethik der Brüderlichkeit)	Soziokulturmotiv	Lebensweltkonzept: -Gefühl -erw. Kulturbegriff	Humandienstleister	Distinktion durch Kunst	Verkörperung der ästh. Vernunft
80er Jahre	1950	1960			ästhetische Bildung		Personalitätsprinzip	Erlebnismotiv				
90er Jahre	1960	1980		Lebensstile und Milieus	kulturelle Bildung				Ästhetisierungskonzept	neue Dienstleister	betriebswirtschaftliches Paradigma NSTM	Neuer Sozialisationstyp

Eine zweite ergiebige Typologie und Periodisierung hat G. Schulze (1992; Kap. 11) entwickelt. Er sieht in einer zeitlichen Abfolge als kulturpolitische Paradigmen

⇨ das Hochkulturmotiv, 1945 bis in die sechziger Jahre; Ziel: Bestandssicherung der Hochkultur; „kulturelles Erbe des Abendlandes". Das bedeutet auf der institutionellen Ebene den Aufbau von Hochkultureinrichtungen: Theater, Konzerte, Museen, Denkmalpflege, Archive. Auf der individuellen Ebene ist das pädagogische Ziel die Entwicklung eines (hoch)-kulturfähigen Menschen, das Ideal eines ästhetisch kompetenten Menschen.
⇨ Es folgt das Demokratisierungsmotiv, das sich an sozialdemokratischen Vorstellungen einer kompensatorischen Kulturpolitik für die Ungebildeten anschließt und als „Kultur für alle" neuen Schwung erhält. In den Blick geraten Jugendliche, Alte, Frauen, Ausländer, Behinderte etc., so dass sich der Eindruck einer sozialpolitischen und sozialpädagogischen Ausrichtung aufdrängt.
⇨ Es folgt das Soziokulturmotiv, das weniger an dem Kunstwerk interessiert ist, sondern den Alltag in den Blick nimmt und sich eher für soziale Prozesse – auch für die Prozesse der Entstehung von Kunst – interessiert. Das Menschenbild ist das des autonomen, sich selbst verwirklichenden Menschen.
⇨ Das letzte, zur Zeit virulente Motiv ist das Ökonomiemotiv, das sich unterschiedlich zeigt: als Sensibilisierung für den Arbeitsmarkt Kulturarbeit, als Interesse an der volkswirtschaftlichen Bedeutung von Kultur, als Qualifizierung des Kulturmanagements und schließlich als betriebswirtschaftlich orientierte Reform der öffentlichen Verwaltung im Rahmen des „Neuen Steuerungsmodells". Slogans sind „Kultur als Standortfaktor" oder „Umweltrentabilität".

Schulze gliedert die Nachkriegszeit (ebd., Kapitel 12) grob in drei Etappen:

⇨ die Restauration der Industriegesellschaft,

⇨ die Zeit des Kulturkonfliktes,
⇨ die Erlebnisgesellschaft,

die mit seinen zentralen „Motiven" korrelieren, wobei sich natürlich keine trennscharfen Abgrenzungen ergeben, sondern vielfach Überlappungen festgestellt werden können.

Sinn machen solche riskanten Typisierungen nur dann, wenn man die Grenzen ihrer Aussagefähigkeit respektiert. Und diese bestehen u.a. darin, dass sich zwar möglicherweise dominante Kultur- und Kulturpolitikkonzepte rekonstruieren lassen, sich jedoch zu jeder Zeit auch Strömungen finden, die andere Konzepte durchsetzen wollen.

Ein letzter Blick gilt der internationalen Diskussion.

Die internationale Debatte wird hier am Beispiel der Diskussion über Kultur, kulturelle Entwicklung und Kulturpolitik im Rahmen des Europa-Rates und der UNESCO dargestellt.

Auf die Diskussion von Kultur- und Kulturpolitikkonzepten im Rahmen der UNO/UNESCO bin ich bereits in Kapitel 2.1 eingegangen. Ich schließe an die dortigen Ausführungen an.

Eine langjährige internationale kulturpolitische Diskussion lässt sich wie folgt zusammenfassen:

⇨ es ist ein Kulturbegriff eingeführt, der sozial und politisch sensibel ist, der demokratische Akzente setzt, der künstlerische Kreativität mit Alltagskulturen integrieren will;
⇨ ein solches Kulturkonzept wird mit kultureller und mit „menschlicher Entwicklung" in Beziehung gesetzt;
⇨ wichtiger Begriff war „kulturelle Identität", der kulturelles Erbe zwar einbezieht, aber offen ist für zukünftige Entwicklungen;
⇨ In den letzten Jahren hat „kulturelle Vielfalt" den Platz einer Leitformel eingenommen.

Diese begriffliche Einigung hat Auswirkungen auf das Verständnis von Kulturpolitik, so wie es bereits in einem wichtigen internationalen (hier: europäischen) Dokument formuliert wurde, der Abschlusserklärung der Konferenz von Arc et Senans im Jahre 1972, das wesentlich die kulturpolitische Programmatik des Europa-Rates und auf nationaler Ebene die (v.a.) kommunale Neue Kulturpolitik beeinflusste. Man mag dies als eine Art Gründungsdokument für das Konzept einer „Kulturpolitik als Gesellschaftspolitik" verstehen, so dass ich es – auch zur Konkretisierung dieses Topos – hier in einigen Passagen referiere beziehungsweise wiedergebe (hier zitiert nach Röbke 1993, S. 72-80):

> „Sich selbst überlassen erschöpft industrielles Wachstum die natürlichen Reserven der Erde und wendet sich schließlich gegen den Menschen." (Ebd., S. 77).

Allerdings sei Wirtschaftswachstum weiterhin nötig, nur:

> „Es müssen sich aber kulturelle Maßstäbe stärker durchsetzen, damit quantitatives Wachstum in verbesserte Lebensqualität überführt werden kann." (Ebd., S. 78).

Die zentrale Aufgabe für Kulturarbeit/Kulturpolitik:

> „Die Aufgabe von Kulturarbeit ist es daher, alternative gesellschaftliche Entwicklungsrichtungen vorstellbar zu machen und in jedem Individuum den Sinn für das Mögliche zu wecken, das heißt, ihn zu befähigen, Krisen nicht auszuweichen und nicht der Sklave, sondern Herr seiner Geschichte zu werden. Kulturpolitik kommt ohne ethische Begründungen nicht aus." (Ebd.).

Es wird auf die (kulturpolitisch nicht gesteuerte) profitorientierte Kulturindustrie hingewiesen und die weitgehende Irrelevanz und Unentschlossenheit der klassischen Kulturangebote insbesondere im Hinblick auf Jugendliche, Arbeitsemigranten etc.:

> „Die Kulturkrise ist symptomatisch für allgemeinere gesellschaftliche Krisenerscheinungen. Obwohl die Bewältigung dieser generellen Krisensituation natürlich nicht durch isolierte kulturpolitische Maßnahmen erreicht werden kann, soll und muss die Kulturarbeit doch jeden Einzelnen wie die Gesellschaft in die Lage versetzen, damit fertig zu werden." (Ebd., S. 79).

Es folgt eine weitere Aufgabenbestimmung von Kulturpolitik:

> „Zentrale Aufgabe jeder Kulturpolitik muss es sein, die Bedingungen für Ausdrucksvielfalt und ihre freizügige Nutzung zu garantieren und weiterzuentwickeln. Es muss das Recht des Menschen wieder anerkannt werden, sein Leben eigenständig als sinnvolles zu bestimmen und in Gemeinschaft mit anderen entsprechend zu gestalten. Es sind daher auch alle Umstände zu fördern, die Kreativität und soziokulturelle Phantasie begünstigen; kulturelle Unterschiede müssen anerkannt und insbesondere dort unterstützt werden, wo sie bisher die geringsten Entwicklungschancen hatten." (Ebd.).

Das Papier bleibt nicht bei dieser allgemeinen Bestimmung stehen, sondern konkretisiert sie durch folgende „Programmpunkte":

- ⇨ „Das Schulsystem ist beschleunigt in ein System lebenslanger Bildung umzuwandeln, das den Interessen und Bedürfnissen der verschiedenen Bevölkerungsgruppen angepasst ist;
- ⇨ die Massenmedien sind von dominierenden politischen und wirtschaftlichen Fremdeinflüssen (Staat, Großkonzerne, Gewerkschaften u.a.) zu befreien;
- ⇨ die privatwirtschaftliche Kulturindustrie ist in den politischen Programmen besser zu berücksichtigen;
- ⇨ es sind Bedingungen für eine dezentralisierte und pluralistische „kulturelle Demokratie" zu schaffen, an der der Einzelne aktiv Anteil nehmen kann."

Zur Verwirklichung dieser Programmpunkte ist es notwendig:

⇨ ein differenziertes Geflecht von soziokulturellen Zentren und Werkstätten sowie andere Einrichtungen bereitzustellen, in denen man auch alle neuen Formen und Techniken zwischenmenschlicher Kommunikation lernen beziehungsweise erproben kann;
⇨ die Isolierung kultureller Institutionen von anderen gesellschaftlichen Bereichen zu verringern;
⇨ in das Bildungssystem den Grundsatz der selbstverantwortlichen Erziehung einzuführen und Kritikfähigkeit zu fördern, statt sie durch erstarrte Strukturen (zentralisiertes Bildungswesen, Bürokratismus, totalitäre Bestrebungen) zu behindern,
⇨ nationale und internationale kulturpolitische Grundsatz- und Aktionsprogramme zu vereinbaren und die Mittel für ihre Verwirklichung bereitzustellen.

Zusammenfassung:
Unsere Verantwortung für die Zukunft und die technischen Möglichkeiten, die der Gesellschaft heute zur Verfügung stehen, machen es notwendig, aber auch möglich, Alternativen zur herrschenden Politik unter neuen Vorzeichen herbeizuführen:

⇨ Passive Konsumhaltungen sollen durch vielfältige kreative Aktivitäten ersetzt werden;
⇨ technologische Sachzwänge sind zugunsten menschlicher Freiheit und Verantwortung zu durchbrechen;
⇨ neben die Demokratisierung herkömmlicher, zum Teil elitärer Kulturinstitutionen muss verstärkt die kulturelle Breitenarbeit, d.h. die Vielfalt kultureller Aktivitäten auf der Basis sozialen Pluralismus treten;
⇨ Mensch und Umwelt sind wieder in ein tragbares Gleichgewichtsverhältnis zu bringen;
⇨ ein kulturelles System, das nur die gegenwärtigen Verhältnisse reproduziert, muss abgelöst werden durch Schutzmaßnahmen und Programme, in denen die Förderung kreativer Möglichkeiten von Einzelnen und Gruppen oberste Priorität hat. Wenn diese Ablösung schnell und umfassend geschieht, können auch die wesentlichen Zukunftsprobleme unserer Zeit besser gemeistert werden." (Ebd., S. 80 f.).

Wir haben in diesem Dokument die klassischen Formulierungen

⇨ einer Kulturpolitik als Gesellschaftspolitik, die auf der Basis einer kritischen Bestandsaufnahme der industriegesellschaftlichen Lebensweise (Wachstumszwang, Sinnverlust) „Kultur" als Mittel der Anerkennung und Demokratisierung befördern will;
⇨ daher ist ein zentrales Konzept die „Kulturelle Demokratie", das sich vor allem gegen Profitorientierung und Marktzwänge richtet.

Komplementärer Begriff zur „Kultur" ist „Bildung", so dass ein wichtiges Umsetzungsprogramm ein Programm „kultureller Breitenarbeit" wird:

⇨ Kulturpolitik wird sehr stark zu kultureller Bildungspolitik.

Diese Programmatik findet sich – nahezu wörtlich – sowohl in Gründungsdokumenten der Kulturpolitischen Gesellschaft (Röbke 1993, S. 183-190), als auch in der Programmatik des Deutschen Städtetages (ebd., S. 117ff., v.a. in 4.1).

Die Europäische Union – als zweite wichtige Organisation der europäischen Integration – wird bis heute stark davon geprägt, dass sie als Wirtschaftsgemeinschaft gegründet wurde, obwohl sich inzwischen einige „Generaldirektionen" der Kommission mit kulturellen Fragen befassen. Heute zeigt sich auf der einen Seite ein vielfaches Bedauern über die Vernachlässigung der sozialen und kulturellen Dimensionen in der EU, allerdings bei vielen auch eine Erleichterung, da die Makro-Organisation in Brüssel mit ihrem Hang zu bürokratischer Reglementierung kaum als geeignete Sachwalterin kultureller Belange gesehen wird.

Die oben vorgestellte Programmatik einer Kulturpolitik als Gesellschaftspolitik findet sich auch in Dokumenten der UNESCO, insbesondere in Dokumenten zu der seinerzeitigen „Weltdekade für kulturelle Entwicklung" (abschließend Deutsche UNESCO-Kommission). Das Ringen um konsensfähige Konzepte ist auf dieser Ebene weitaus schwieriger als auf europäischer Ebene, da hier neben den reichen (Nord)-Ländern auch der arme Süden der Welt vertreten ist.

Ich gebe eine Zusammenstellung der wichtigsten Begriffe aus dem derzeit wichtigsten internationalen kulturpolitischen Dokument, der UNESCO-Konvention zur kulturellen Vielfalt, genau: dem Übereinkommen über Schutz und Förderung der Vielfalt kultureller Ausdrucksformen aus dem Jahre 2005 wieder (Deutsche UNESCO-Kommission 2006):

„**Begriffsbestimmungen**
Im Sinne dieses Übereinkommens gilt Folgendes:

1. Kulturelle Vielfalt
„Kulturelle Vielfalt" bezieht sich auf die mannigfaltige Weise, in der die Kulturen von Gruppen und Gesellschaften zum Ausdruck kommen. Diese Ausdrucksformen werden innerhalb von Gruppen und Gesellschaften sowie zwischen ihnen weitergegeben.
Die kulturelle Vielfalt zeigt sich nicht nur in der unterschiedlichen Weise, in der das Kulturerbe der Menschheit durch eine Vielzahl kultureller Ausdrucksformen zum Ausdruck gebracht, bereichert und weitergegeben wird, sondern auch in den vielfältigen Arten des künstlerischen Schaffens, der Herstellung, der Verbreitung, des Vertriebs und des Genusses von kulturellen Ausdrucksformen, unabhängig davon, welche Mittel und Technologien verwendet werden.

2. Kultureller Inhalt
„Kultureller Inhalt" bezieht sich auf die symbolische Bedeutung, die künstlerische Dimension und die kulturellen Werte, die aus kulturellen Identitäten entstehen oder diese zum Ausdruck bringen.

3. Kulturelle Ausdrucksformen
„Kulturelle Ausdrucksformen" sind die Ausdrucksformen, die durch die Kreativität von Einzelpersonen, Gruppen und Gesellschaften entstehen und einen kulturellen Inhalt haben.

4. Kulturelle Aktivitäten, Güter und Dienstleistungen
„Kulturelle Aktivitäten, Güter und Dienstleistungen" bezieht sich auf die Aktivitäten, Güter und Dienstleistungen, die zu dem Zeitpunkt, zu dem sie hinsichtlich eines besonderen Merkmals, einer besonderen

Verwendung oder eines besonderen Zwecks betrachtet werden, kulturelle Ausdrucksformen verkörpern oder übermitteln, und zwar unabhängig vom kommerziellen Wert, den sie möglicherweise haben. Kulturelle Aktivitäten können ein Zweck an sich sein oder zur Herstellung von kulturellen Gütern und Dienstleistungen beitragen.

5. Kulturwirtschaft
„Kulturwirtschaft" bezieht sich auf die Wirtschaftzweige, die kulturelle Güter oder Dienstleistungen im Sinne der Nummer 4 herstellen und vertreiben.

6. Kulturpolitik und kulturpolitische Maßnahmen
„Kulturpolitik und kulturpolitische Maßnahmen" bezieht sich auf die Politik und die Maßnahmen im Zusammenhang mit Kultur auf lokaler, nationaler, regionaler oder internationaler Ebene, die entweder Kultur als solche zum Gegenstand haben oder darauf abzielen, sich unmittelbar auf die kulturellen Ausdrucksformen von Einzelpersonen, Gruppen oder Gesellschaften auszuwirken, einschließlich des Schaffens, der Herstellung, der Verbreitung und des Vertriebs kultureller Aktivitäten, Güter oder Dienstleistungen sowie des Zugangs zu ihnen.

7. Schutz
„Schutz" bedeutet das Beschließen von Maßnahmen, die auf die Erhaltung, Sicherung und Erhöhung der Vielfalt kultureller Ausdrucksformen abzielen.
„Schützen" bedeutet, derartige Maßnahmen zu beschließen.

8. Interkulturalität
„Interkulturalität" bezieht sich auf die Existenz verschiedener Kulturen und die gleichberechtigte Interaktion zwischen ihnen sowie die Möglichkeit, durch den Dialog und die gegenseitige Achtung gemeinsame kulturelle Ausdrucksformen zu schaffen."

Mit diesen Begriffsbestimmungen ist der derzeitige Höhepunkt einer reflektierten praktischen Kulturpolitik erreicht. Im Folgenden wird es darum gehen, die einzelnen Aspekte und Dimensionen (Ziele, Akteure, Handlungsrationalitäten etc.) genauer darzustellen. Eine Analyse der zitierten Konvention findet sich in Kapitel 3.4.

3 Dimensionen der Kulturpolitik

3.1 Akteure

Dass der Staat im Mittelpunkt der Politik steht, wird inzwischen zwar immer wieder vehement in Frage gestellt, ist aber – wie am obigen Beispiel der Definitionen von Kulturpolitik gezeigt – immer noch verbreitet. Der Staat hat in der Tat die Kompetenz, allgemeinverbindliche Gesetze zu verabschieden, deren Befolgung zu kontrollieren und bei Verstößen entsprechende Strafen auszusprechen. Immerhin wird somit der oft als monolithisch gesehene Staat in seiner in parlamentarischen Demokratien üblichen Dreiteilung der Gewalt (Exekutive, Legislative und Jurisprudenz) deutlich: Das Parlament verabschiedet Gesetze, die Exekutive sorgt dafür, dass sie umgesetzt werden können, die Rechtspflege tritt auf den Plan, wenn Verstöße zu ahnden sind.

Führt diese Überlegung in der Kulturpolitik weiter? Gibt es überhaupt Gesetze in diesem Feld? Man muss nur einmal – etwa im Rahmen eines Festes einer Bürgerinitiative – öffentlich Musik spielen, sofort erhält man einige Tage später ein Schreiben der GEMA, die gerne Gebühren dafür haben möchte. Grundlage dieses Begehrens ist das Urheberrecht. Dieses Vorgehen kann sich auf ein Menschenrecht stützen: Artikel 27 der Allgemeinen Erklärung der Menschenrechte lautet nämlich: „Jeder hat das Recht auf Schutz der geistigen und materiellen Interessen, die ihm als Urheber von Werken der Wissenschaft, Literatur oder Kunst erwachsen." Das Urheberrecht ist das wichtigste rechtliche Instrument in der Kulturpolitik, da es das Überleben von KünstlerInnen sichert – und damit die Produktion von Kunst in Gegenwart und Zukunft gewährleistet. Da wir alle ständig urheberrechtlich geschützte Leistungen nutzen – im Fernsehen und Radio, in Form von Büchern, Zeitschriften, zunehmend auch (nicht immer legal) über das Internet –, betrifft uns alle dieses Gesetz. Wer zudem die Tagesordnung des Bundestages verfolgt, stellt fest, dass recht oft – mindestens einmal im Jahr – Urheberrechtsfragen auf der Tagesordnung stehen. Dies hängt damit zusammen, dass sich ständig neue

Kommunikationsformen (Computer, Internet, Handy etc.) entwickeln, bei denen die Frage nach dem Urheberrechtsschutz der vermittelten „Contents" geregelt werden muss. Die meisten dieser Novellierungen werden inzwischen von der Kommission der Europäischen Union insofern gefordert, als man auf EU-Ebene bestimmte Regelungen getroffen hat: „Richtlinien", die dann in je nationales Recht umgesetzt werden müssen. Damit ist in einer kulturrelevanten Frage gleich ein weiterer Akteur ins Spiel getreten: die EU.

Geht man noch einen Schritt weiter, dann findet man zwei weitere Organisationen, die sich um Urheberrechtsfragen kümmern: die Welthandelsorganisation WTO mit den TRIPS-Abkommen (Trade Related Aspects of Intellectual Property) und innerhalb der Familie der Vereinten Nationen die WIPO (World Intellectual Property Organisation). Vor allem im Rahmen von TRIPS geht es dabei vorwiegend um Patente, die in der Wirtschaft eine Rolle spielen. Die meisten werden sich an das Problem erinnern, dass im Zuge der Aids-Bekämpfung in Afrika die hohen Kosten der Medikamente eine Rolle spielen. Man forderte daher ein Entgegenkommen bei den Lizenzkosten von der pharmazeutischen Industrie. Auch dies ist „Intellectual Property", also geschütztes geistiges Eigentum. Im Kulturbereich findet man es auch dort, wo man ungeniert Markenwaren kopiert. Design als angewandte Kunst ist nämlich Teil des Deutschen Kulturrates, des Dachverbandes der meisten Bundeskulturorganisationen. Dieser wird übrigens sowohl vom Parlament, aber auch oft im Vorfeld vom Justizministerium aufgefordert, zu einer anstehenden Novellierung des Urheberrechtsgesetzes eine Stellungnahme abzugeben. Auch auf der Ebene der EU ist die Einbeziehung der so genannten „Zivilgesellschaft" (NGO's: Non Governmental Organisations) Standard. Ein üblicher Weg der Kommission besteht etwa darin, bei einem Problem, bei dem noch nicht sicher ist, ob eine Regelung auf der Ebene der EU wünschenswert oder sinnvoll ist, einen aufwändigen Konsultationsprozess durchzuführen. Dies geschieht dadurch, dass eine Problembeschreibung zur Diskussion gestellt wird (ein so genanntes Grünbuch), zu dem alle Organisationen Stellungnahmen abgeben können. Es entsteht nach Abschluss des Konsulationsverfahrens unter Einbeziehung dieser Stellungnahmen ein „Weißbuch", das dann die Grundlage für die zu treffende Entscheidung (Richtlinie: ja oder nein) bildet.

Was bedeutet dies in unserem Zusammenhang möglicher Akteure in der Kulturpolitik?

1. Zwar ist es immer noch der Staat, der Gesetze verabschiedet und für ihre Einhaltung sorgt. Dieser Staat respektiert aber in zunehmendem Maße, dass Gesetze akzeptiert werden müssen und dass sie Dinge sinnvoll regeln müssen. Daraus folgt, dass Gesetze heute nicht mehr in einer Art Überraschungscoup vom Himmel fallen, sondern begleitet werden durch einen oft sehr intensiven Konsultationsprozess, an dem insbesondere die betroffenen Organisationen der Zivilgesellschaft beteiligt sind.
2. Bei vielen Regelungen, bei denen es um Geld geht, mischen sich zudem die betroffenen Teile der Kulturwirtschaft ein.
3. Dabei ist der Begriff der „Kulturwirtschaft" ausgesprochen weit zu fassen. So sind es gerade bei den zur Zeit anstehenden Regelungen im Urheberrecht die Gerätehersteller in der Computerindustrie, die sich zu Worte melden. Denn man will – wie schon bei den Kopierern – die Vergütung der Kulturproduzenten über eine Geräteabgabe regeln.
4. Neben den staatlichen Organen auf nationaler Ebene sind zunehmend internationale Zusammenschlüsse relevant. Dies betrifft quasi-staatliche Organisationen wie die EU, aber auch handelspolitische Zusammenschlüsse wie die WTO.
5. Neben dem Kulturressort sind zudem andere Fachressorts nicht nur eingebunden, sondern sogar federführend. So ist es bei dem Urheberrecht das Justizministerium (bzw. der Rechtsausschuss). Bei Fragen der sozialen Absicherung ist das Ressort, das hierfür zuständig ist, der Minister für Arbeit und Soziales (etwa bei der Künstlersozialkasse).

Kulturpolitik hat also einige Entwicklungen vollzogen, die die etatistische Definition von Reinhard nicht vermuten lässt:

⇨ sie ist sehr stark über den Staat hinaus gewachsen;

⇨ sie betrifft z. T. völlig andere Politik-Felder (und damit Akteure) als genuin kulturpolitisch ausgewiesene;
⇨ sie ist zunehmend international.
⇨ Nicht zu vergessen ist, dass viele kulturpolitisch relevante Aktivitäten in den öffentlichen Medien dargestellt werden (zumal die Medienpolitik oft gemeinsam mit der Kulturpolitik behandelt wird) und somit eine spezifische Öffentlichkeit entstanden ist.

Wir können diese Überlegungen ein Stück weit systematisieren.

Eingeführt ist etwa eine Dreiteilung der Gesellschaft in drei Sektoren

Abbildung 3: **Die drei Sektoren**

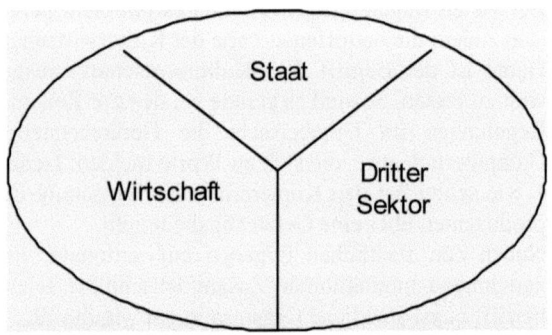

Diese Dreiteilung spielt etwa eine Rolle bei der Bereitstellung von Gütern und Dienstleistungen. Da – nicht zur Freude der Kulturschaffenden – Kultur, Kunst und Medien im internationalen Sprachgebrauch zu den Dienstleistungen („Services") gerechnet werden, betrifft dieses Schema auch die Kultur. So gibt es einen erheblichen Bereich einer rein gewerblichen, also Gewinn orientiert arbeitenden Kulturwirtschaft (international zunehmend als „creative industry" bezeichnet).

Man denke etwa an die Film- oder Musikwirtschaft. Auch der Kunsthandel ist ein gewerblich arbeitender Bereich. Zu erinnern ist zudem an die vielen Privattheater, die ohne öffentliche Förderung überleben (müssen).

Ein weites Feld betrifft die Kultureinrichtungen in öffentlicher Trägerschaft. Man schaue sich einmal das Kulturleben in einer beliebigen Kommune an und wird überwiegend kommunal getragene Einrichtungen finden: vom Theater über die Musikschule bis zur Stadtbücherei.

Sind Kultureinrichtungen nicht in öffentlicher Trägerschaft, dann haben sie überwiegend die Rechtsform eines eingetragenen, i.d.R. gemeinnützigen Vereins. Dies ist das Feld des Dritten Sektors, der in den letzten Jahren eine Menge an Anerkennung erfahren hat. Denn neben den Menschen, die in derartigen Strukturen ihren Lebensunterhalt verdienen, arbeiten hier viele Menschen ehrenamtlich. „Bürgerschaftliches Engagement" ist das Stichwort.

Diese drei Sektoren gibt es auf jeder Ebene unseres Gemeinwesens. Bekanntlich legt unser Grundgesetz fest, dass die staatliche Ebene in erster Linie die Ebene der Länder ist. Der Bund hat nach der „reinen Lehre" nur diejenigen Aufgaben, die ihm explizit zugewiesen werden. Kommunen gehören in Deutschland nicht zum Staat im engeren Sinne (Art. 28); sie arbeiten nach dem Prinzip der Selbstverwaltung, stehen allerdings unter Aufsicht des Staates, nämlich des jeweiligen Bundeslandes. Es ergibt sich also eine Aufteilung in verschiedene Ebenen politischen Handelns

Abbildung 4: Ebenen des politischen Handelns

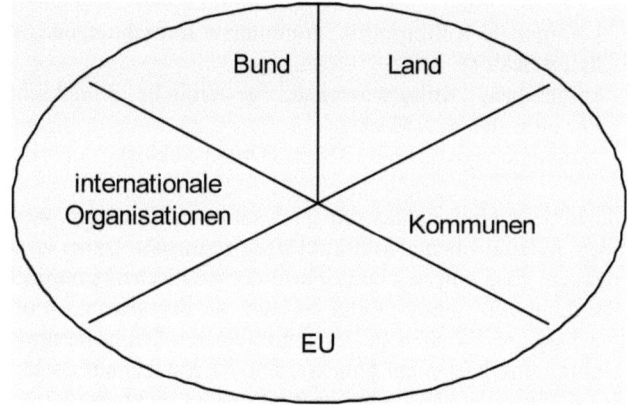

Wir werden später sehen, dass „Kulturpolitik" durchaus etwas Verschiedenes bedeutet, je nach Ebene und je nach gesellschaftlichem Sektor. Es ist jedenfalls sinnvoll, die vier unterschiedlichen Ebenen jeweils mit den drei Sektoren in Beziehung zu setzen, so dass 12 sinnvoll zu untersuchende kulturpolitische Aktionsfelder entstehen.

Abbildung 5: Ebenen und Sektoren

Ebenen \ Sektoren	Kommune	Land	Bund	EU	Internationale Organisationen
Staat bzw. öffentliche Hand					
Wirtschaft					
Dritter Sektor					

In jedem der 12 Felder lässt sich zum Beispiel sinnvoll danach fragen, wer als Akteur kulturpolitisch tätig ist. Beispiel Kommune:

⇨ kommunale Kulturpolitik, kommunale Einrichtungen (öffentlicher Sektor)
⇨ kommunale Kulturwirtschaft, gewerbliche Musikschulen, Privattheater etc. (Markt)
⇨ gemeinnützige („freie") Träger (Dritter Sektor)

Es dürfte jetzt ein Leichtes sein, sich selbst zu überlegen, wer sich auf den anderen Ebenen kulturpolitisch einmischt. Dabei ist daran zu denken, dass eine wichtige Form der politischen Einmischung die Bildung von Lobby-Organisationen ist, die sowohl im öffentlichen Diskurs als auch in der unmittelbaren Beeinflussung von Regierung und Parlament tätig werden. Es entsteht auf diese Weise ein dichtes Netzwerk von staatlichen und nichtstaatlichen Ak-

Abbildung 6: Kompetenz und Organisationsstruktur öffentlicher Kulturpolitik

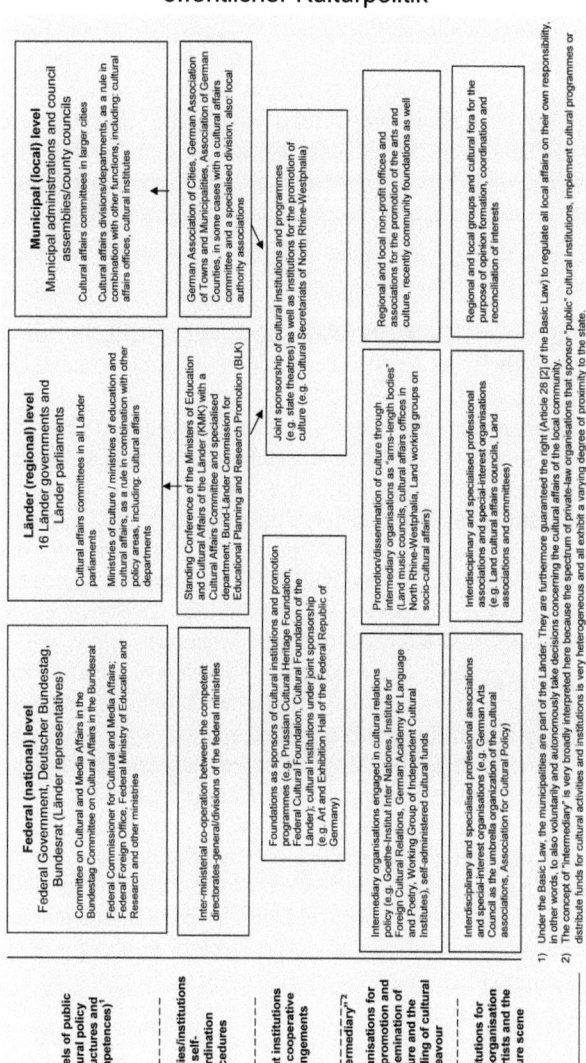

teuren, die z. T. informell miteinander kooperieren, zu einem gewissen Teil aber auch in formalen Arbeitsbeziehungen stehen. Es hat sich eingebürgert, dieses Politiknetzwerk „Kooperativer Kulturföderalismus" zu nennen. Die hier wiedergegebene Graphik (Abb. 6; Quelle: Sievers/Wagner 2002) aus einem Überblick über die Kulturpolitik der Bundesrepublik Deutschland erfasst einen Teil dieser Beziehungen. Sie blendet allerdings den Bereich der Kulturwirtschaft und ihrer Zusammenschlüsse sowie die Kulturzuständigkeit kulturfremder Ressorts (Justiz, Soziales, Wirtschaft etc.) aus.

3.2 Konzeptionen, Ziele und Aufgabenverteilung in der Kulturpolitik

Die verschiedenen Akteure, die im letzten Abschnitt vorgestellt wurden, haben ihre je spezifischen Vorstellungen über das, was in ihren Augen eine gute Kulturpolitik ist. Sie haben auch alle die Möglichkeit, zumindest in ihrem jeweiligen Bereich ihre Vorstellungen umzusetzen. Im früheren Abschnitt wurde am Beispiel von verschiedenen Definitionen von Kulturpolitik gezeigt, wie weit diese Vorstellungen auseinander gehen können: Zwischen einer Nutzung von Kunst und Kultur für bloßen Machterhalt, die völlig gleichgültig ist gegenüber den verfolgten politischen Zielen, oder einer Nutzung der Künste, um dem Menschen Möglichkeiten seiner Entwicklung aufzuzeigen und anzubieten.

Bevor weitere derartige Möglichkeiten aufgezeigt werden, sollen grundsätzliche bereichsspezifische Handlungsformen unterschieden werden. Dazu muss man sich zunächst einmal die – z. T. durch das Grundgesetz vorgegebenen – Möglichkeiten der unterschiedlichen Ebenen unseres föderalen Staates anschauen. Die kommunale Ebene ist bereits oben erwähnt worden als diejenige, bei der es um die Aufrechterhaltung von Strukturen und Einrichtungen im Kulturbereich geht. Wenn ein normaler Bürger sich für ein Kulturangebot entscheidet, dann nutzt er entweder eine private gewerbliche Einrichtung (er geht ins Kino oder ins Privattheater), oder er nutzt eine Einrichtung, die entweder selbst von der Kommune getragen oder zumindest gefördert wird.

Auf *kommunaler Ebene* besteht Kulturpolitik vorwiegend aus Kulturförderung, also aus der (Mit-)Finanzierung von Kulturangeboten. Zwar stellt man gelegentlich auch Strukturüberlegungen an, doch geht es dabei um Organisationsfragen der lokalen Kulturangebote (etwa um die Zusammenlegung von Kultureinrichtungen) oder um die Frage einer neuen Rechtsform für eine Kultureinrichtung. Gelegentlich spielen Personalentscheidungen eine Rolle, wenn etwa ein neuer Theaterleiter oder Dirigent gesucht wird. Auf der kommunalen Ebene geht es also um ganz praktische Fragen. Es gibt deshalb eine lange Tradition der Kulturverwaltung. Zwar bestand kommunale Kulturpolitik lange Zeit nur in der Kulturpflege. Doch war es auch die kommunale Ebene, wo zuerst konzeptionelle und sogar visionäre Vorstellungen für eine aktive Kulturpolitik entwickelt wurden, die über eine bloße Bewahrung oder Pflege des Kulturerbes hinausging. Die beiden großen Theoretiker der Kulturpolitik, Hermann Glaser und Hilmar Hoffmann, waren Kulturdezernenten großer Städte (Nürnberg und Frankfurt/M.). Sie nutzten den Deutschen Städtetag und die Kulturpolitische Gesellschaft als Foren zur Entwicklung und Verbreitung innovativer kulturpolitischer Ansätze und waren beide die Hauptlieferanten von bis heute verwendeten Slogans: „Kultur für Alle" (Hoffmann) und „Bürgerrecht Kultur" (Glaser). Beide waren publizistisch aktiv und erfolgreich. Von beiden stammen wichtige Kulturgeschichten der Bundesrepublik Deutschland. Und beide gehörten der Generation der Flakhelfer an, waren also typische Vertreter einer von Albrecht Göschel identifizierten Position, die zum einen den Zugang zu den hohen Künsten erleichtern wollte, die aber auch den „Kanon" dieser Künste erweiterte. Hoffmann war etwa einer der „Erfinder" des kommunalen Kinos. Beide hatten zudem eine internationale Perspektive. So arbeitete Glaser über viele Jahre eng mit dem Europa-Rat zusammen, wo man sehr früh die gesellschaftspolitische Bedeutung von Kultur(politik) entdeckt hatte. „Demokratisierung der Kultur" und „kulturelle Demokratie" waren programmatische Slogans, die dort entwickelt wurden. Hoffmann war wiederum lange Jahre Präsident der Goethe Institute, der wichtigsten Mittlerorganisation in der Auswärtigen Kulturpolitik.

Kommunale Kulturpolitik ist im wesentlichen Kulturförderpolitik. Sie wird meist sehr praxisbezogen betrieben. Die wenigsten Städte haben ausformulierte oder gar ambitionierte Konzepte. Allerdings hat ihr Bundesverband, der Deutsche Städtetag – durchaus stellvertretend für seine Mitglieder – über die Jahre hinweg die Relevanz der Kulturpolitik bei allen möglichen gesellschaftlichen Problemlagen diskutiert und substantielle Positionspapiere zu unterschiedlichen Themen verabschiedet (Migration, schrumpfende Städte, kulturelle Bildung etc.).

Geht man zu den höheren politischen Ebenen über, so nimmt der Anteil der Kulturförderung ab. Dafür wächst die Bedeutung zum einen des Diskurses, zum anderen der Setzung von Rahmenbedingungen. Die UNESCO als wichtigste *kulturpolitische Weltorganisation* gibt etwa für Förderung fast gar kein Geld aus. Sie leistet jedoch zweierlei: Zum einen stimuliert sie seit ihrer Entstehung einen intensiven Diskurs über Kultur und Kulturpolitik und beeinflusst so die nationalen Debatten. Wichtige Impulse etwa über kulturelle Identität, über Teilhabe, über Demokratiepotentiale der Kulturarbeit gehen von hier aus. Inzwischen liegt der zweite Weltkulturbericht vor, der alle relevanten Themen der Zeit aufgreift: Armut, Gewalt, Krieg, Ausgrenzung, Marktdominanz etc.

Daneben schafft die UNESCO internationale Ordnungsinstrumente. Einige sind eher symbolischer Art wie etwa die Listen zum Weltkulturerbe. Andere sind jedoch durchaus relevante rechtliche Ordnungsinstrumente wie die verschiedenen Konventionen im Kulturbereich (vgl. Kap. 3.4).

Die *Europäische Union* (EU) wurde hier schon mit ihrer wachsenden Bedeutung in der kulturellen Ordnungspolitik erwähnt. Vermutlich gehört der Kulturbereich sogar zu denjenigen Feldern, bei denen die EU den Anteil von 70 – 80 % an politischen Regelungen erreicht, bei denen die nationale Ebene nur noch EU-Recht umzusetzen hat. Dies ist durchaus ein Problem für die nationale Ebene in einem föderalen System. Nur angemerkt soll hier werden, dass der Aspekt der Kulturförderung durch die EU beschämend klein ist. Konzeptionell ist die EU ebenfalls zu vernachlässigen. Wenn sie überhaupt in Erscheinung tritt, dann eher im Hinblick darauf, Kultur als Wirtschaftsfaktor und unter der Perspektive der „creative industries" zu betrachten.

Der unbefangene Beobachter wird dies mit Verwunderung registrieren. Denn neben dieser eher technokratischen Ausrichtung der EU-Kulturpolitik gibt es – eher in Form von Sonntagsreden – eine große Debatte über Europa als Kulturraum. Diese Debatten finden meist im Kontext der Defizitbenennungen rund um die EU statt: Ihr schon fast sprichwörtliches Demokratiedefizit, der Mangel an einer europäischen Identität und das Fehlen einer europäischen Öffentlichkeit. In all diesen Defiziten könnte eine engagierte Kulturpolitik durchaus helfen. Doch liegt nach wie vor die EU eher im Ökonomischen (und sicherlich auch in der Friedenssicherung zwischen europäischen Staaten) begründet als in weitreichenden Kultur-Visionen. Immerhin hat der EU-Vertrag von Amsterdam einen expliziten Kulturartikel (Art. 151; vgl. Schwencke 2006, S. 272).

Die *Bundesebene* und ihre Relevanz für die Kulturpolitik ist nicht so leicht zu bewerten. Das Grundgesetz sagt explizit nichts zu Bundeskompetenzen im Kulturbereich. Von daher dominiert die Rede von der Kulturhoheit der Länder. Bei genauerer Betrachtung ist dies bestenfalls die halbe Wahrheit. Unstrittig gibt es auf Länderebene ein klares Bekenntnis zur Förderung von Kunst und Kultur. Die meisten Landesverfassungen formulieren entsprechende Staatsziele. Auf Bundesebene ist völlig unstrittig, dass es eine Kompetenz für die Auswärtige Bildungs- und Kulturpolitik gibt (Art 32 GG). Völlig unstrittig sind auch die Bundeskompetenzen in Fragen des Urheberrechts oder des Steuerrechts. Letzteres ist etwa dort relevant, wo es um reduzierte Mehrwertsteuersätze im Kulturbereich geht. Ebenso ist die Frage sozialer Absicherung von Kulturschaffenden (etwa die Künstersozialkasse) Bundesangelegenheit. Seit der Föderalismusreform sind zudem Fragen der Hauptstadtkultur und der Rückgabe geraubten Kulturgutes ebenfalls unstrittig auf Bundesebene angesiedelt. Interessant waren bei der Anhörung im Zuge der Föderalismusreform im Juni 2006 Aussagen von Staats- und Verfassungsrechtlern, die die Rede von einer unwidersprochenen „Kulturhoheit der Länder" problematisierten. Offenbar gibt es hier Deutungsdifferenzen der Verfassung, die letztlich nur durch das Verfassungsgericht geklärt werden könnten. Eine Verantwortlichkeit des Staates für die Förderung von Kunst und Kultur ist bereits jetzt aufgrund entsprechender Urteile des Verfassungsgerichtes zu dem Artikel 5 GG („Kunstfreiheits-Artikel") unterstellt. Der Bund hat also eindeutig Kompetenzen im Bereich der Schaffung von Rahmenbedingungen. Der Bund hat zugleich begrenzte Möglichkeiten der Förderung von Kunst und Kultur. Immerhin hat der Haushalt des Beauftragten der Bundesregierung für Kultur und Medien einen Umfang von etwa 1 Mrd. €.

Konzeptionell hält sich allerdings der Bund zurück. Es gibt unter den Kulturpolitikern immer wieder drei inhaltliche Aufgabenfelder, die genannt werden und die unstrittig sind:

⇨ Künstlerförderung
⇨ Kulturerbe
⇨ kulturelle Bildung

Die *Länder* fördern – mittlerweile in der gleichen Größenordnung wie die Kommunen – Kunst und Kultur. Zum Teil unterhalten sie eigene Kultureinrichtungen (z. B. Staatstheater). In ihrem Bereich können sie Rahmenbedingungen schaffen, etwa Förderrichtlinien für landeseigene Kunst- und Kulturstiftungen, für künstlerische Filmförderung etc. Sie haben sich mit der Kulturministerkonferenz (KMK) ein bundesweites Koordinierungsgremium geschaffen, das allerdings eher in schul- und hochschulpolitischen und weniger in kulturpolitischen Fragen aktiv wird.

Die oben vorgestellte Matrix, die die politischen Ebenen mit den drei gesellschaftlichen Sektoren Staat, Markt und Zivilgesellschaft kreuzt, könnte nunmehr durch eine dritte Dimension ergänzt werden, die die drei Arbeitsfelder (kulturelle Bildung, Kulturerbe, Künstlerförderung – jeweils unterteilt in die Aufgaben Förderung und Rahmenbedingungen) enthält. auf diese Weise erhält man ein umfassendes Tableau Akteure – Ebenen – Bereiche.

Abbildung 7: Kulturpolitik: Akteure – Ebenen – Bereiche

3.3 Begründungsweisen in der Kulturpolitik

Kulturpolitik ist kein Selbstzweck, ihre Ziele haben vielmehr mit Kultur zu tun. Dass es hierbei so viele Verständnisweisen von Kulturpolitik gibt, wie es Kulturbegriffe gibt, erscheint plausibel. Begründungen in kulturpolitischen Kontexten sollen plausibel machen, warum bestimmte Fördermittel ausgegeben werden, warum bestimmte Schutzmechanismen (wie etwa die Buchpreisbindung) eingerichtet werden sollen. Hinter all diesen Ansätzen steckt die Überzeugung, dass man „Kultur" – was auch immer darunter verstanden wird – nicht dem Selbstlauf überlassen kann. Insbesondere gibt es große Widerstände gegenüber einer rein marktwirtschaftlich organisierten Kulturarbeit. Die Argumente sind hierbei durchaus ähnlich denen, die man in Hinblick auf Gesundheit, sauberes Wasser oder Bildung verwendet. Selbst der Begründer der Kapitalismustheorie, der Moralphilosoph Adam Smith, gliederte solche Güter und Dienstleistungen aus den von ihm ansonsten favorisierten Marktgesetzlichkeiten aus. Er nannte sie „öffentliche Güter", bei denen der Staat dafür Sorge tragen müsse, dass sich eine Verteilungsgerechtigkeit unabhängig von den zur Verfügung stehenden Ressourcen ergibt. Wer allerdings Sonderregelungen für einen bestimmten Bereich haben will, braucht gute Gründe. Was „gute Gründe" jeweils sind, hängt von Ort und Zeit ab. Insbesondere ist ein Wandel darin festzustellen, was als Grund akzeptiert wird. So war in den siebziger Jahren des letzten Jahrhunderts „Emanzipation" das Zauberwort. In den 90er Jahren war es dagegen der ökonomische Nutzen. In frühen Jahren der Republik war die Erhaltung des Kulturerbes – gemeint waren damit vor allem die Klassiker der Literatur, des Theaters, der Bildenden Kunst und der Musik – unhinterfragbar förderungswürdig.

Am Wandel der Legitimationsformeln lässt sich vieles an Erkenntnissen über den jeweiligen Zeitgeist gewinnen. „Begründung" kann dabei Verschiedenes bedeuten. Vor einigen Jahren habe ich das Konzept einer „Leitformel" entwickelt, um den Prozess des Begründens ein wenig besser zu verstehen. Dabei hat es sich als sinnvoll herausgestellt, vier mögliche Begründungsdimensionen von solchen gut akzeptierten Leitformeln (wie seinerzeit Emanzipation oder ökonomischer Nutzen, heute vielleicht kulturelle Vielfalt) zu unterscheiden:

⇨ Eine erste Begründungsweise bezieht sich auf die Akzeptanz in der Bevölkerung. Man kann dies „Legitimation" nennen.
⇨ Eine zweite Begründungsmöglichkeit besteht in der inneren Schlüssigkeit einer Ableitung aus Grundlagentheorien, etwa die anthropologische Begründung des Menschenrechtes auf Kunst, so wie es oben gezeigt wurde.
⇨ Eine dritte Begründungsweise bezieht sich auf die Pass- und Anschlussfähigkeit des zu begründenden Konzeptes zu anderen Diskurszusammenhängen. So erhält etwa die Rede von kultureller Vielfalt auch dadurch Akzeptanz, dass man sie mit biologischer Vielfalt und deren nachgewiesener Relevanz vergleicht, obwohl die dort gültigen empirischen Nachweise für den Kulturbereich erst einmal keine Bedeutung haben.
⇨ Eine vierte Begründungsweise bezieht ihre Zugkraft aus einer nachweislichen Relevanz für einen mit dem Konzept erfassten Ausschnitt aus der Realität: Das Konzept hat eine empirische Bedeutung, es gibt empirisch belegbare erwünschte Wirkungen.

Gelingt eine Begründungsstrategie, die alle vier Begründungsdimensionen auf besonders gute Weise einholt, dann handelt es sich um eine anerkannte Leitformel, die für eine gewisse Zeit das Begründungsgeschäft erleichtert. Zurzeit scheint „kulturelle Vielfalt" auf dem besten Weg zu einem solchen Status zu sein. Alternative Begriffe wie „kulturelle Identität" oder gar Emanzipation sind dagegen in der Bedeutung zurückgefallen. Auch die ökonomische Argumentation hat an Attraktivität verloren.

Neben dieser eher begriffslogischen Systematisierung von Begründungsweisen bietet sich das oben verwendete systemtheoretische Gesellschaftsmodell an:

Abbildung 8: Die Gesellschaft und ihre Subsysteme

Politik	Wirtschaft
Soziales	Kultur

Man kann nämlich aus der Logik jedes einzelnen Subsystems Argumentationsmuster für die Kulturpolitik gewinnen. Die ökonomische Argumentation ist seit Anfang der neunziger Jahre vertraut: Kultur ist ein Wirtschaftsfaktor und ein Arbeitsmarkt, im Kulturbereich wird die Kreativität erzeugt, von der die anderen Felder, vor allem der Wirtschaftsstandort Deutschland, profitieren. Einige erinnern sich vielleicht noch an die These von der Umwegrentabilität, die eine Weile populär war: Dass jeder verausgabte Euro etwa 1,5 Euro zurück in die Kassen bringt.

Einer politischen Argumentation sind wir oben gleich zweifach begegnet, bei der machtpolitischen Definition von Kulturpolitik von Reinhard: Kunst etc. als Mittel des Machterhaltes, bzw. in der Programmatik der Kulturpolitischen Gesellschaft und des Europa-Rates: Kultur als Mittel der Demokratisierung.

Zu dem Subsystem Politik kann man das System des Rechtes zählen. In Deutschland sind nämlich rechtliche Argumentationen beliebt: Man versucht, für ein bestimmtes Anliegen einen Rechtsanspruch durchzusetzen, vielleicht sogar ein Leistungsgesetz zu formulieren. So etwas gibt es etwa im Weiterbildungsbereich (so und so viele Angebote pro 1000 Einwohner). Der Musikschulverband strebt an, dass jedes Land ein eigenes Musikschulgesetz verabschiedet, bei dem zugleich der Begriff der „Musikschule" genormt und geschützt wird. Die oben angesprochenen völkerrechtlichen Instrumente (Menschenrecht auf Kunst und Spiel) sowie die aktuelle Auseinandersetzung um ein Staatsziel Kultur im Grundgesetz gehen in dieselbe Richtung.

Zu dem Subsystem Soziales gehören Argumentationen, die den sozialen Zusammenhalt durch Kultur gefördert sehen wollen. Andere argumentieren damit, dass es Angebote zur Inszenierung je eigener Lebensstile geben müsse. „Soziales Kapital" ist das Stichwort, Agonie und sozialer Zerfall die Drohung. Besonders zahlreich sind natürlich immanente Begründungen von Kultur, also solche, die aus dem Kulturbereich selbst kommen.

Dieser enge Zusammenhang zwischen sozial-ökonomischer Situation der Menschen, der Qualität der Demokratie und (sozialer und kultureller) Teilhabe ist nicht nur ein Relikt einer sozialsensiblen, vielleicht sogar sozialromantischen Zeit rund um die 68er, es ist – allerdings international stärker als auf nationaler Ebene – immer schon ein relevantes Thema gewesen. Ich gebe einige Beispiele an.

Auf internationaler Ebene ist es in erster Linie immer wieder die UNESCO, die – neben ihrem derzeitigen Leitbegriff der kulturellen Vielfalt – Teilhabe thematisiert und einklagt. Dies betrifft nicht bloß die inhaltlichen Teile der beiden bislang vorliegenden Weltkulturberichte. Man kann diese Fragestellung auch hinter den umfangreichen Bemühungen um eine statistische Erfassung von Kultur und Kulturpolitik vermuten. Es gibt etwa reichlich 60 unterschiedliche Indikatoren, die man zur zahlenmäßigen Erfassung von „Kultur" entwickelt hat. Diese betreffen zum einen Teil die Produktion von Büchern, Zeitungen, Filmen etc. Sie betreffen allerdings auch die Nutzung, also die Wahrnehmung der Angebote in den jeweiligen Bevölkerungen der Staaten. In diesen Kontext gehört auch das von UNESCO und Unicef bearbeitete Thema der Alphabetisierung. Es ist international anerkannt, dass eine Grundlage für gelingende (soziale, ökonomische, kulturelle und politische) Teilhabe die Kulturfähigkeiten des Lesens und Schreibens sind. Hier spielt der Aktionsplan „Education for All" (EFA), der 2000 in Dakar/Senegal verabschiedet wurde, mit seinen sechs Zielen eine Rolle.

Ein weiteres wichtiges Dokument sind in diesem Zusammenhang Weltentwicklungsberichte, die von unterschiedlichen Welt-Entwicklungshilfeorganisationen (z. B. der Weltbank oder dem Entwicklungshilfeprogramm der Vereinten Nationen UNDP) jährlich vorgelegt werden. Der „Bericht über die menschliche Entwicklung 2004" des UNDP (Berlin 2004) spielt hierbei eine besondere Rolle, weil er unter der Überschrift „Kulturelle Freiheit in unserer Welt der Vielfalt" gerade den Zusammenhang zwischen der Umsetzung der Menschenrechte, der ökonomischen und der politischen Entwicklung herausarbeitet. Wer an einem konzisen Begründungszusammenhang einer sozial engagierten Kulturpolitik interessiert ist, sollte sich unbedingt mit diesem Text beschäftigen.

Das dahinter stehende spezifische Verständnis von Kulturpolitik als Gesellschaftspolitik wird unter Bezug auf die langjährige Vizedirektorin der UNESCO, die Sozialanthropologin Lourdes Arizpe, in diesem Bericht wie folgt erläutert:

„Kulturpolitik – Schutz des Kulturerbes und Förderung kultureller Freiheit

1969 führte die Organisation der Vereinten Nationen für Erziehung, Wissenschaft und Kultur (UNESCO) den Begriff „Kulturpolitik" ein und rief die Regierungen dazu auf, kulturelle Tätigkeiten ausdrücklich als bedeutendes Ziel öffentlicher Politik anzuerkennen. Die Weltgemeinschaft ist diesem Aufruf Schritt für Schritt gefolgt. Die Weltkonferenz für Kulturpolitik in Mexiko (1982), die Ausrufung der Jahre 1988 – 1997 als Jahrzehnt der Kultur und Entwicklung durch die Vereinten Nationen, die Stockholmer Zwischenstaatliche Konferenz über Kulturpolitik für Entwicklung (1998) und die Tatsache, dass eine wachsende Anzahl von Staaten Kulturministerien einrichten, können allesamt als Beleg dafür dienen, dass sich die Einsicht durchgesetzt hat: Kultur bedeutet Entwicklung und umgekehrt.

Anfänglich beschäftigte sich Kulturpolitik inhaltlich eher mit der Förderung der Künste und dem Schutz des Kulturerbes. Inzwischen wird sie zunehmend mit kultureller Freiheit in Bezug gesetzt, wie es schon die Weltkommission für Kultur und Entwicklung 1995 in ihrem Bericht „Unsere kreative Vielfalt" vorgeschlagen hat. Kulturelle Freiheit ist untrennbar mit der Rücksichtnahme auf und der Anerkennung von kultureller Vielfalt wie auch mit der Sicherung des – physischen wie ideellen – Kulturerbes verbunden.

Der Kreis der Kulturpolitik muss sich dort schließen, wo er vor einem Vierteljahrhundert begonnen hat – bei den Menschen und deren kultureller Freiheit und Erfüllung. Denn dies ist das eigentliche Ziel von Kulturpolitik." (UNDP/DGVN 2004, S. 48)

Auch auf der Ebene der EU, dort allerdings nicht bei dem Kommissar für Kultur, sondern in der Kommission für Beschäftigung und Soziales, hat man sich mit der Rolle von Kultur(-politik) bei dem Problem der Armut und sozialer Ausgrenzung befasst. Denn eines der Ziele der Lissabon-Strategie der EU aus dem Jahre 2000 ist eine erhebliche Reduzierung der Armut. Zu diesem Zweck wurden Nationale Aktionspläne (NAP's) entwickelt, deren Umsetzung in einer Zwischenevaluation im Jahre 2004 überprüft wurde. Interessant ist an diesem Vorgang, dass eine Sonderstudie zur Rolle von Kultur und Kulturpolitik in Programmen zur Beförderung der Teilhabe, genauer: zum Zusammenhang zwischen sozialer und kultureller Teilhabe, die der Universität Newcastle (European Commission/University of Northumbria 2004; Ltg.: R. Woods und Chr. Gordon) in Auftrag gegeben wurde. Ergebnisse können hier nur angedeutet werden:

⇨ Es gibt einen starken Zusammenhang zwischen sozialer, ökonomischer, politischer und kultureller Ausgrenzung.
⇨ Trotzdem fehlen weitgehend kohärente politische Strategien,
⇨ Kulturpolitik konzentriert sich in vielen Ländern (auch in Deutschland) sehr stark auf den Erhalt existierender Kunsteinrichtungen.

⇨ Es wird zu wenig wahrgenommen, dass Kultur und eine entsprechende Kulturpolitik gute Wirkungen bei der Behebung von Ausgrenzung leisten könnte.

So wichtig Begründungsstrategien sind, die den Nutzen von Kultur(-politik) für Wirtschaft, Politik und Soziales hervorheben: Der größte Teil der Argumente in der öffentlichen Debatte bezieht sich immer noch auf immanente Prozesse im Kulturbereich selbst. Insbesondere steht der Umgang mit den Künsten im Zentrum der Kulturpolitik, selbst dann, wenn man dem weiten Kulturbegriff anhängt. Daher beziehen sich zahlreiche kulturpolitische Begründungsstrategien auf tatsächliche oder bloß zugeschriebene Wirkungen von Künsten. Dabei können anthropologische oder kunsttheoretische Argumente genutzt werden, so wie sie oben skizziert wurden. Christina Weiß, ehemalige Kulturstaatsministerin, formuliert dies so:

„Künstlerinnen und Künstler und die Leiter kultureller Institutionen müssen viel selbstbewusster sagen,
dass sie Hoffnung, Orientierung und Utopien im Angebot haben,
dass die spielerische Energie der Künste ein lustvolles Instrument zur Ausbildung der Subjektivität ist,
dass ein mündiges Subjekt aus Verstand und Gefühl besteht,
dass die kreative Phantasie eine Voraussetzung für Handlungsfähigkeit ist."
(Kulturpolitische Mitteilungen 110, S.32).

Im Kontext eines Forschungsprojektes zur Frage der Evaluierbarkeit in der Kultur habe ich seinerzeit eine Liste von 90 Wirkungsbehauptungen eines Umgangs mit Kunst zusammengestellt, die allerdings alle das Problem hatten, empirisch nicht belegt worden zu sein (Fuchs/Liebald 1995, S. 94ff.).

Ebenfalls kulturimmanent, aber nicht so stark auf die Künste bezogen, argumentiert der Leiter des Kulturwissenschaftlichen Instituts in Essen, der Historiker Jörn Rüsen:

„Allgemein gesprochen besteht die Aufgabe der Kulturpolitik darin, die Elemente und Faktoren der geistigen Sinnbildung zu ermöglichen und zu fördern, die für die Zukunftsfähigkeit unserer Gesellschaft notwendig sind. Kultur wirkt in der Wirtschaft als Wirtschaftkultur, in der Politik als politische Kultur, in der Gesellschaft als Sozialkultur – und die Kulturpolitik hat diese wirksamen Ingredienzien im Rahmen ihrer Möglichkeiten zu fördern, dass die Sinn verbürgenden Fundamentalprinzipien unserer Gesellschaft nicht nur gewahrt bleiben, sondern immer wieder zur Geltung gebracht werden." (a.a.O., S. 36).

Man kann die unterschiedlichen Begründungsweisen in der Kulturpolitik wie folgt sortieren:

⇨ politische und rechtliche Begründungen,
⇨ Begründungen, die mit der Rolle von Kultur im Sozialen argumentieren,
⇨ kulturimmanente Begründungen, die sich zum einen auf (vermutete) individuelle und/oder soziale Wirkungen von Kunst beziehen oder die die Sinnstiftungs- und Reflexionsfunktion des Kulturbereichs generell in den Mittelpunkt stellen,
⇨ anthropologische Begründungen, oft verbunden mit dem Hinweis auf völkerrechtliche Instrumente (Menschenrechte),
⇨ ökonomische Begründungen.

Als (immer noch aktuelles) Beispiel aus den frühen neunziger Jahren gebe ich eine Graphik wieder, die Argumente für eine kommunale Kulturpolitik sammelt. Als Übung möge man die vorgestellten Begründungen den vier Feldern Wirtschaft, Politik, Soziales und Kultur zuordnen.

Abbildung 9: Leistungen der Kultur

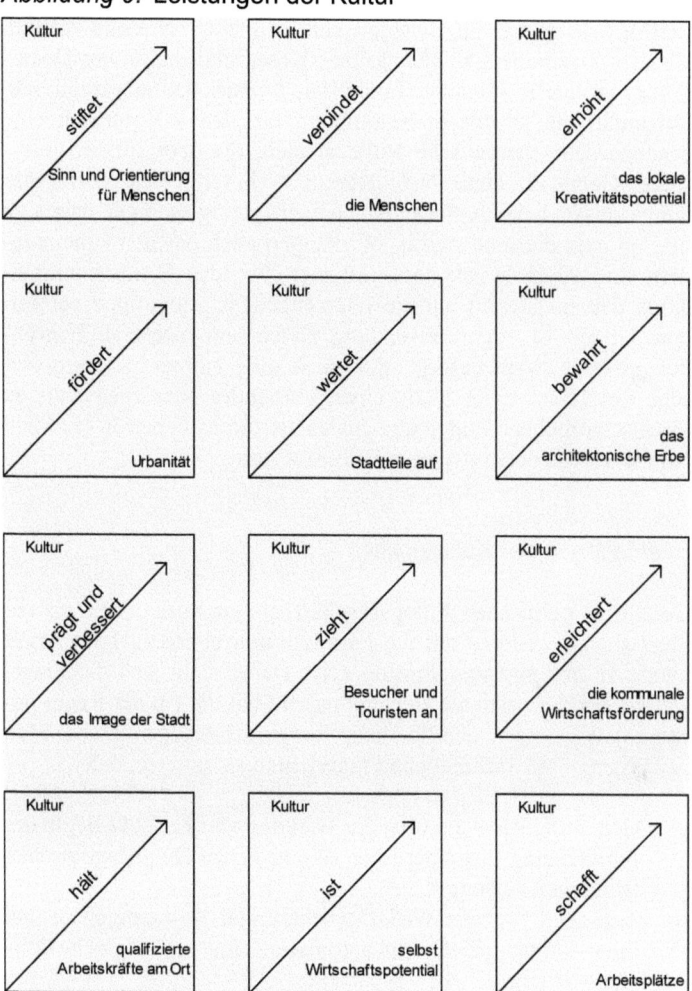

Quelle: Ebert, Gnad, Kunzmann 1992, S. 11

Entsprechend der jeweiligen Begründungsweise spielen bestimmte Leitformeln eine Rolle. Beispiele sind Teilhabe, kulturelle Vielfalt, sozialer Zusammenhalt (Kohäsion), Kreativität, kulturelle Demokratie, kulturelle Identität, Leitkultur, Lebensqualität, Kreativität, Urbanität, die jeweils in bestimmten fachlichen Kontexten eine ausgewiesene theoretische Rolle spielen, die aber oft im politischen Gebrauch diese feste Kontur verlieren. Welche Begründungsweisen bevorzugt werden, hat oft genug weniger damit zu tun, ob man die unterstellten Wirkungen auch belegen kann, sondern sind vielmehr mit dem Zeitgeist bzw. den Diskussionsstandards der anvisierten und zu überzeugenden Zielgruppe verbunden. Üblich ist eine Verwendung gleich von mehreren Begründungsweisen. Man besorge sich zu Übung einmal „Kulturpolitische Leitlinien" einer Stadt, eines Verbandes oder einer anderen gesellschaftlichen Gruppe und analysiere dieses Papier in Hinblick auf die verwendeten Argumentationsmuster.

Evaluation in der Kulturpolitik

Gerade im politischen Alltagsgeschäft ist man alles andere als zurückhaltend, wenn es um die Formulierung überzeugender Argumente zu den eigenen Gunsten geht. Daher stellt sich die Frage, welche der verwendeten Behauptungen über die (in der Regel positiven) Wirkungen sich überhaupt empirisch belegen lassen. Man kann hierbei unterschiedliche Fragerichtungen unterscheiden:

⇨ Generelle Aussagen über die Wirkung von Kunst (z.B.) in der Entwicklung Einzelner (dies ist eine Frage der pädagogischen Bildungsforschung);
⇨ Aussagen über die Wirkung bestimmter Kulturangebote und ihrer Nutzung in Gruppen (dies ist eine soziologische Problemstellung);
⇨ Aussagen über die Art der Nutzung und die Zusammensetzung des Publikums bestimmter Kulturangebote, -programme oder -einrichtungen (dies ist Teil der empirischen Nutzerforschung; aktuell spielt dies bei der Frage nach dem Kulturpublikum eine Rolle);

⇨ Aussagen über die Wirksamkeit von politischen oder Management-Konzepten;
⇨ generell: Zahlenmäßige Erfassung des kulturellen Lebens im Rahmen einer Kulturstatistik.

Im Zuge der Durchsetzung des Neuen Steuerungsmodells in den neunziger Jahren hat die Frage der Evaluation erheblich an Bedeutung gewonnen. Dabei waren es eher angebots- und institutionsbezogene Evaluationen. Auch personenbezogene Evaluationen sind spätestens nach PISA im Gespräch. Nur selten findet man dagegen Evaluationen von kulturpolitischen Strategien (vgl. Bussmann u.a. 1997). Immerhin sind bei völkerrechtlichen Instrumenten – etwa der UN-Kinderrechtskonvention oder der neuen Konvention zur kulturellen Vielfalt – wie schon bei dem Pakt für soziale, ökonomische und kulturelle Entwicklung (1976) Monitoring-Prozesse vorgesehen bzw. werden bereits praktiziert, bei denen regelmäßig Berichte über die Umsetzung vorgelegt werden müssen. Es ist zu erwarten, dass Evaluationsfragen rund um die neue Konvention zur kulturellen Vielfalt erheblich an Relevanz gewinnen werden, so dass sich viele interessante Forschungsfragen einer angemessenen Erfassung und Bewertung von Kulturpolitik auf allen Ebenen und bei allen Trägern und Akteuren ergeben. Es ist zu erwarten, dass in dem dann stattfindenden Vergleich zwischen Begründungen und den dort aufgestellten Wirkungsbehauptungen einerseits und den empirischen Daten über tatsächliche Wirkungen andererseits sich auch Veränderungen in den Begründungsstrategien ergeben.

Ein interessantes Beispiel einer empirischen Evaluation ist unter der Leitung des Sozialwissenschaftlers François Matarosso (2000) entstanden. Ich gebe hier die Liste von 50 Wirkungsmöglichkeiten einer Kunst im sozialen Prozess an, die sich in unterschiedlichen empirischen Zugängen als zutreffend erwiesen haben.

Abbildung 10: 50 Social Impacts of Participation in the Arts

This list has been drawn up to give a sense of the range of social outcomes which the study has shown can be produced by participatory arts projects. Naturally, it is not complete, and there are many others which might emerge from a different analysis. Equally, no single project should be expected to deliver all of them, or to produce outcomes in the same way of the same degree. The Study shows that Participation in the Arts can

1. Increase people's confidence and sense of self-worth
2. Extend involvement in social activity
3. Give people influence over how they are seen by others
4. Stimulate interest and confidence in the arts
5. Provide a forum to explore personal rights and responsibilities
6. Contribute to the educational development of children
7. Encourage adults to take up education and training opportunities
8. Help build new skills and work experience
9. Contribute to people's employability
10. Help people take up or develop careers in the arts
11. Reduce isolation by helping people to make friends
12. Develop community networks and sociability
13. Promote tolerance and contribute to conflict resolution
14. Provide a forum for intercultural understanding and friendship
15. Help validate the contribution of a whole community
16. Promote intercultural contact an co-operation
17. Develop contact between the generations
18. Help offenders and victims address issues of crime
19. Provide a route to rehabilitation and integration for offenders
20. Build community organisational capacity
21. Encourage local self-reliance and project management
22. Help people extend control over their own lives
23. Be a means of gaining insight into political and social ideas
24. Facilitate effective public consultation and participation
25. Help involve local people in the regeneration process
26. Facilitate the development of partnership
27. Build support for community projects
28. Strengthen community co-operation and networking
29. Develop pride in local traditions and cultures
30. Help people feel a sense of belonging and involvement
31. Create community traditions in new towns or neighbourhoods

32. Involve residents in environmental improvements
33. Provide reasons for people to develop community activities
34. Improve perceptions of marginalised groups
35. Help transform the image of public bodies
36. Make people feel better about where the live
37. Help people develop their creativity
38. Erode the distinction between consumer and creator
39. Allow people to explore their values, meanings and dreams
40. Enrich the practice of professionals in the public and voluntary sectors
41. Transform the responsiveness of public service organisations
42. Encourage people to accept risk positively
43. Help community groups raise their vision beyond the immediate
44. Challenge conventional service delivery
45. Raise expectations about what is possible and desirable
46. Have a positive impact on how people feel
47. Be an effective means of health education
48. Contribute to a more relaxed atmosphere in health centres
49. Help improve the quality of life of people with poor health
50. Provide a unique and deep source of enjoyment

Quelle: F. Matarosso: Use or Ornament. The Social Impact of Participation in the Arts. London: Comedia 1997/2000.

3.4 Kulturpolitik international

Es wurde an verschiedenen Stellen dieses Textes deutlich, dass und wie Kulturpolitik schon längst von Faktoren abhängt, die jenseits der Grenzen des Nationalstaates liegen. Das bedeutet zwar nicht, dass der Staat irrelevant ist. Doch ist das politische Geschehen komplexer geworden.

Einige Erinnerungen an diese neue Internationalität der Kulturpolitik:

⇨ Auf konzeptioneller Ebene sind spätestens seit den siebziger Jahren des letzten Jahrhunderts internationale Organisationen wie der Europa-Rat oder die UNESCO mit ihrem kulturtheoretischen und -politischen Debatten – etwa über den „weiten Kulturbegriff" – von nationaler Bedeutung. Diese Debatte

wurde von führenden Vertretern einer offensiven Kulturpolitik verfolgt und rezipiert.
⇨ Internationale ordnungspolitische Instrumente etwa rund um den Schutz des geistigen Eigentums spielen ebenso eine Rolle wie völkerrechtlich verbindliche Verträge und Konventionen.
⇨ Die Bundesrepublik Deutschland ist zudem Mitglied in internationalen Organisationen. Dies gilt auch für zivilgesellschaftliche Organisationen (etwa der Deutsche Musikrat als deutsche Sektion des Internationalen Musikrates).
⇨ Die Kultur- und Medienwirtschaft ist international vernetzt. Man denke etwa an die Musik- und Filmwirtschaft.
⇨ Im Zuge der Entwicklung der EWG zur EU werden immer mehr Regelungen, die auch die Kulturpolitik betreffen, auf dieser Ebene getroffen, die dann in nationales Recht umgesetzt werden müssen. Dies betrifft vor allem diejenigen Bereiche, die ökonomisch interessant sind. Neben den Feldern der Kulturwirtschaft sind es die elektronischen Medien, bei denen mit den öffentlich-rechtlichen und privaten Unternehmen zwei konkurrierende Angebotsstrukturen existieren. Seither steht insbesondere der gebührenfinanzierte öffentlich-rechtliche Rundfunk in der Kritik der privaten Konkurrenz, aber auch der Wettbewerbshüter in der EU.
⇨ Die kulturelle Dimension wird in den letzten Jahren als relevant bei vielen gesellschaftlichen Problemen gesehen, die wiederum international diskutiert werden: Armut, Umweltzerstörung, Migration und die multiethnischen Gesellschaften, neuerdings die Frage des demographischen Wandels, der Dialog zwischen Religionen, Entwicklung. Gerade in Hinblick auf Entwicklung und Entwicklungspolitik kann man seit den achtziger Jahren des letzten Jahrhunderts geradezu einen Paradigmenwechsel feststellen, etwa abzulesen an der (UNO)-Weltdekade für Kultur und Entwicklung zwischen 1988 und 1997.

Was nunmehr ansteht, ist die Entwicklung einer integrativen und kohärenten Politik, die in der Lage ist, Probleme des demographischen Wandels, der multiethnischen Gesellschaft, der ökologischen Krise und der Weiterentwicklung der Demokratie zusammenzulenken. Dies gelingt bislang erst in Ansätzen.

So entwickelt die Präambel der (UNESCO-)Konvention zur kulturellen Vielfalt (genau: Übereinkommen über den Schutz und die Förderung der Vielfalt kultureller Ausdrucksformen) ein dichtes Netzwerk relevanter Begriffe, z. B.: kulturelle Vielfalt ist Hauptantriebskraft für nachhaltige Entwicklung, ist unabdingbar für Frieden und Sicherheit und steht in engem Zusammenhang mit den Menschenrechten (vgl. S. 39f.). Es wird zudem die Rolle von Kultur in der Entwicklungspolitik, bei der Armutsbeseitigung, der Gleichberechtigung, der Kreativität und der Integration hervorgehoben. Der demographische Wandel wird zwar nicht explizit erwähnt, doch er lässt sich unschwer – zumindest was die generationsspezifischen kulturellen Präferenzen betrifft –in dieses Begriffssystem einbauen. Kultur hat also sehr viel mit Integration, mit Ausgrenzung bzw. Teilhabe, mit Veränderungen in der Zusammensetzung der Gesellschaft zu tun, so dass Kulturpolitik dies auch in ihren Instrumenten berücksichtigen müsste. Dokumente mit einem derart entwickelten Problembewusstsein sind etwa die beiden Weltkulturberichte, die sich offensiv mit Märkten, Armut, Konflikten und Migration auseinandersetzen. Mehr lässt sich kaum auf dieser konzeptionellen bzw. empirisch-beschreibenden Ebene tun. Doch wie steht es mit der Problemwahrnehmung und der Entwicklung geeigneter Instrumente auf nationaler Ebene – und dies wiederum entsprechend des Kooperativen Kulturföderalismus ausdifferenziert nach staatlicher und zivilgesellschaftlicher Seite bei Bund, Ländern und Gemeinden?

Diskutiert wurden auch hier alle relevanten Themen: Migration, Begegnung der Religionen, demographischer Wandel, Entwicklung und Nachhaltigkeit. Doch werden all diese Themen eher getrennt für sich behandelt. So thematisiert der größte bundesweite Kultur(politik)kongress in einem Jahr qualifiziert das Thema Interkultur, um zwei Jahre später bei der Folgeveranstaltung zum Thema (Kultur-)Publikum dieses Thema nur noch am Rande zu erwähnen. Dieses weitgehende Fehlen eines integrativen Ansatzes, der nicht bloß auf der Ebene theoretischer Konzepte, sondern auch und gerade in der praktischen Umsetzung den Zusammenhang von demographischem Wandel, Migration, Armut und Nachhaltigkeit mitdenkt, findet sich auch auf der Ebene des Bundes: So wird verdienstvollerweise zu einem Nationalen Integrationsgipfel eingeladen, ohne zunächst die Kultur(politik) mit einzubeziehen. Parallel dazu und unabhängig davon lädt der Innenminister zu einer Islam-Konferenz ein. Wiederum unabhängig davon – inzwischen allerdings unter Einbeziehung der Kultur – wird eine Struktur zur Umsetzung der Weltdekade zur Bildung für eine nachhaltige Entwicklung geschaffen. Offenbar, so kann man schließen, lassen sich am Reißbrett internationaler Organisationen die Zusammenhänge wichtiger gesellschaftlicher Entwicklungen besser konstruieren, als sie in der nationalen Praxis umgesetzt werden können. Ausnahme dürften allerdings einige Kommunen sein, bei denen diese Debatten auch organisatorisch oft zusammenlaufen (vgl. das Beispiel Dortmund in den Kulturpolitischen Mitteilungen I/2006, S. 50).

Warum gibt es diese Schwierigkeiten? Vielleicht ist der Anspruch auf ein Zusammendenken der großen gesellschaftlichen Entwicklungstrends zu hoch, liegen doch noch nicht einmal für die einzelnen Entwicklungstendenzen und Problemfelder konzise Umsetzungsprogramme vor. Dies wird sich allerdings zumindest in Hinblick auf kulturelle Vielfalt ändern müssen. Denn mit dem Inkrafttreten der oben erwähnten Konvention entsteht der Druck einer größeren Verbindlichkeit für die Entwicklung solcher Instrumente („kulturpolitische Tool-Box"). Dies könnte dann als Chance genutzt werden, zu einer integrativen Kulturpolitik zu kommen, bei der die einzelnen gesellschaftlichen Problemfelder nicht isoliert voneinander – und von den vorgeschlagenen Maßnahmen daher möglicherweise gegeneinander – bearbeitet werden. „Kulturelle Vielfalt" könnte dabei – gerade angesichts der oben angesprochenen konzeptionell-theoretischen Vorarbeit – durchaus als Leitkategorie fungieren, die die anderen Ziele zu integrieren gestattet. Wie ist der bisherige Sachstand dieser Debatte?

Betrachtet man aktuelle Vorschläge zur Konzeptionierung der Kulturpolitik, so findet sich eine recht unterschiedliche Relevanz des Zieles kultureller Vielfalt. Einige der Vorschläge, etwa Kulturpolitik als Politik der Anerkennung zu verstehen, zielen recht eng auf das Problem der Vielfalt und der Integration. Auch der „demographische Wandel" ist mit diesem Ansatz zu erfassen, da unterschiedliche Generationen auch unterschiedliche Vorstellungen von Kultur und Kulturpolitik haben. Weniger gut scheint jedoch in diesem Ansatz das Ziel der Nachhaltigkeit unterzubringen zu sein. Ein weiterer Ansatz wäre eine „Politik der Leitkultur". Diese gibt es zwar in dieser expliziten Form noch nicht, man kann sich aber anhand vorliegender Äußerungen gut vorstellen, dass in einem solchen Ansatz weder Vielfalt noch Wandel vernünftig konzeptionalisiert werden können. Eine „aktivierende Kulturpolitik" – so ein weiterer aktueller Vorschlag – ist zunächst einmal inhaltlich neutral. Bei freundlicher Auslegung ermutigt dieser Ansatz einzelne Akteure mit ihren jeweiligen Zielen zum größeren Engagement. Bei einer unfreundlicheren Auslegung bedeutet der Ansatz nur, dass es weniger öffentliche Gelder – egal wofür – geben soll. Kulturpolitik als Wirtschaftförderung hat wiederum mit all diesen gesellschaftspolitischen Zielen überhaupt nichts zu tun. Dieser knappe Durchgang durch unterschiedliche Konzeptionen von Kulturpolitik zeigt, dass es nicht irrelevant ist, welches „Label", welche Grundidee man für seinen kulturpolitischen Ansatz wählt. Denn damit ist sofort eine Nähe bzw. Distanz zu bestimmten Problemlagen vorgegeben.

Dies zeigen auch internationale Vergleiche (z. B. die im Entwurf vorliegende Studie ERICarts: Mapping Approaches to Cultural Diversity, 5/2006), in der Kulturpolitiken unterschiedlicher Länder im Hinblick auf kulturelle Vielfalt untersucht werden. Die Studie zeigt, dass es relevant ist, an welchen Grundbegriffen sich eine Kulturpolitik jeweils orientiert. Als mögliche Kandidaten werden Multikultur, Interkultur, Kosmopolitismus und Transkulturalismus vorgestellt. Nationale Kulturpolitiken werden dann in eine Typologie eingeordnet, die die Kategorien „visitors approach", universalistische und integrationsorientierte Ansätze unterscheidet. Eine zentrale Rolle spielen dabei nationale Traditionen bei der Anerkennung von Gruppenrechten der Minderheiten, die im europäischen Raum stark variieren.

Wie ein kulturpolitischer Werkzeugkasten aussehen könnte, mit dem die weitreichenden Ziele der UNESCO-Konvention realisiert werden könnten, ist noch unklar. Auch werden die Diskurse noch zu getrennt voneinander geführt. Entwickelt ist zumindest im Bereich der Medien eine praktikable Vorstellung, was in einer solchen Werkzeugkiste sein könnte. Peter S. Grant hat sie (in Politik und Kultur 1/06, S. 1) vorgestellt:

1. Existenz eines öffentlich-rechtlichen Rundfunksystems,
2. Richtlinien für Sendezeiten und Vorgaben für bestimmte Inhalte,
3. Verpflichtung der privaten Anbieter zur Förderung schwer finanzierbarer Sendungen,
4. Einschränkungen bei dem Erwerb von Sendern durch Ausländer,
5. Kein Monopol bei der Erstellung von Inhalten,
6. Förderung von Minderheitensendungen in kommerziellen Fernsehnetzwerken.

Einige dieser Vorschläge lassen sich ohne Probleme auf die Kulturpolitik übertragen bzw. gehören bereits zum traditionellen Repertoire: Existenz öffentlicher bzw. öffentlich geförderter Kunstproduktionen, etwa die Förderung von Kunst, die es schwer hat. Bei anderen Vorschlägen müsste spartenspezifisch entsprechend der jeweils vorliegenden Abläufe der Kunstproduktion, -distribution und -rezeption überprüft werden, inwieweit etwa Monopolstrukturen sich schädlich auf die kulturellen Teilhabemöglichkeiten auswirken. Dabei sind die Kriterien der Nachhaltigkeit und der Berücksichtigung der verschiedenen gesellschaftlichen Gruppen jeweils anzulegen. Diese Debatte wird sicherlich nicht leicht, zumal sie nicht alleine dem Staat bzw. der öffentlichen Hand überlassen werden darf. Gerade die Zivilgesellschaft in ihrer pluralen Zusammensetzung muss diese Herausforderung annehmen. Denn: Kulturpolitik ist nicht bloß Gesellschaftspolitik, weil sie Auswirkungen auf die Gesellschaft hat bzw. gesellschaftliche Problemlagen integriert. Sie ist auch Gesellschaftspolitik dadurch, dass ihre Träger und Akteure aus der Mitte der Gesellschaft –und von deren Rand – kommen. Es lohnt sich also in mehrfacher Hinsicht, die neue Konvention zur kulturellen Vielfalt zu betrachten: Es ist das wichtigste internationale kulturpolitische Ordnungsinstrument, es wird ein anspruchsvolles begriffliches Fundament gelegt und es wird der Versuch einer kohärenten Politik unternommen.

Die Notwendigkeit einer solchen Konvention erschließt sich nicht unbedingt bei der Lektüre ihres Textes. Denn die zentrale Botschaft ist eher verborgen unter anspruchsvollen Begriffserklärungen. Es geht letztlich darum, dass es auch weiterhin möglich sein muss für die Nationalstaaten, die die Konvention ratifizieren, eine eigenständige Kulturpolitik zu betreiben. Wer sollte dies verhindern? Immerhin handelt es sich um souveräne Staaten. Dies ist zwar richtig. Aber die souveränen Staaten sind vielfältige völkerrechtliche Verbindlichkeiten eingegangen. Insbesondere sind sehr viele Staaten der Welt Mitglied der Welthandelsorganisation WTO, die insbesondere die großen Freihandelsverträge GATT (für Güter) und GATS (General Agreement for Trade with Services, also Dienstleistungen) verwaltet. Die Vorgeschichte ist rasch erzählt. Nachdem der freie Handel mit Gütern, den man gegen Ende des zweiten Weltkrieges bereits beschlossen und in der Nachkriegszeit zügig umgesetzt hat – er war ein Ursache für das ökonomische Aufblühen des Kriegsverlierers (West-)Deutschland –, hat man in den achtziger Jahren die Veränderung in der Wirtschaft aufmerksam registriert: Der Trend weg von Gütern hin zu Dienstleistungen. Die Idee war einleuchtend: Ebenso wie Güter müssen auch Dienstleistungen frei über Grenzen hinweg und ohne nationalstaatliche Eingriffe flottieren können. Man entwickelte eine umfassende Systematik des Dienstleistungsbegriffs, der neben den Finanz- auch sonstige Versorgungsdienstleistungen, neben Bildung und Gesundheit auch den Medien- und Kulturbereich vollständig erfasste. Das Vertragswerk wurde 1995 akzeptiert. Seither gibt es hartnäckige Verhandlungen darüber, welche Dienstleistungen nunmehr im Sinne des GATS-Abkommens freigegeben werden sollen. Insbesondere die angelsächsischen Staaten mit den USA an der Spitze, die immer schon politischen Liberalismus mit Wirtschaftsliberalismus eng verbanden, forderten eine vollständige Freigabe der Bereiche der audio-visuellen Medien, der Film- und der Musikwirtschaft. Man muss zudem daran denken, dass auch der Kunsthandel zu 80% fest in der Hand von vier Großunternehmen ist. Einbeziehung in das GATS-Abkommen bedeutet dabei Verschiedenes:

⇨ keine staatlichen Schutzmaßnahmen für bestimmte „Märkte" (wie etwa die Buchpreisbindung),
⇨ keine „Subventionen" (wie etwa Fördergelder im Kulturbereich), und wenn es solche gibt,

⇨ dann muss das Inländer-Prinzip gelten: Jeder ausländische Antragsteller muss inländischen Zuwendungsempfängern gleichgestellt werden.
⇨ Zudem gilt die Meistbegünstigten-Klausel: Jeder Vertragspartner muss die gleichen Konditionen erhalten wie diejenigen, mit denen man besonders günstige Verträge abgeschlossen hat.

Zur Erklärung von letzterem Punkt: Angenommen, die Bundesrepublik schließt ein Kulturförderabkommen mit einem Entwicklungsland ab, das KünstlerInnen aus diesem Land gute Arbeits- oder Absatzbedingungen in Deutschland ermöglicht. Dann könnten Künstler oder Medien- und Kulturunternehmen aus reichen Ländern – unter Bezug auf die Meistbegünstigtenklausel – die gleichen privilegierten Bedingungen für ihre Kulturwaren (Filme, Musikstücke, Bücher etc.) einfordern.

Recht spät hat der Kulturbereich (in Deutschland, aber auch international) die Gefahr erkannt, die in einer solchen unbegrenzten Öffnung der Kulturmärkte liegt. Inzwischen gibt es einige Studien die zeigen, dass in der Tat nationale Film- oder Buchindustrien zerstört werden, wenn es keine Schutzmechanismen mehr gibt: Die großen Filmkonzerne und Verlage etwa in den USA zerstören in kürzester Zeit die unliebsame nationale Konkurrenz (Smiers 2003). Seither gibt es zwei Strategien:

⇨ Zum einen geht es darum, die Einbeziehung von Kultur und Medien in das GATS-Abkommen zu verhindern. Das Problem für Deutschland und die anderen EU-Staaten besteht dabei darin, dass das Verhandlungsmandat für GATS schon längst bei der EU und nicht mehr bei den nationalen Regierungen liegt.
⇨ Zum anderen ist die Idee entstanden, ein weiteres völkerrechtliches Instrument, eine Konvention zur kulturellen Vielfalt, zu entwickeln.

Diese wurde in Rekordzeit von weniger als zwei Jahren – gegen den Widerstand der neu in die UNESCO wieder eingetretenen USA – entwickelt und bei der Hauptversammlung der UNESCO im Oktober 2005 verabschiedet. Man muss dabei bedenken, dass es im Wesentlichen dieselben Staaten sind, die Mitglieder in der UNESCO und in der Welthandelsorganisation sind. Die Kontroverse ist also nicht die zweier feindlicher Gruppierungen, sondern es geht um sehr grundsätzliche Fragen, die innerhalb jedes einzelnen Landes diskutiert werden.

⇨ Wie viel Staat will man und wie soll zukünftig das Verhältnis von Staat und Markt sein?
⇨ Akzeptiert man, dass das Marktdenken nicht für jeden Gesellschaftsbereich geeignet ist?
⇨ Welche Rolle glaubt man, der „Kultur" für die gesellschaftliche Entwicklung zubilligen zu können?

Der jetzt vorliegende Konventionstext ist nicht nur hochrelevant für die Gestaltung des politischen Handelns, er ist zugleich die aktuellste Fassung einer konzeptionellen Fundierung einer Bereichspolitik. Da die Konvention bereits den Ehrentitel „Magna Charta der Kulturpolitik" erhalten hat, lohnt eine genauere Betrachtung, Diese beschreibt zugleich die Aufgaben, die eine zukünftige Kulturpolitik in den nächsten Jahren zu lösen haben wird.

Ein Problem besteht wie erwähnt darin, dass eine Hauptbotschaft der Konvention, so wie sie in Artikel 1 (Ziele) unter der Ziffer h formuliert wird (Kulturpolitische Souveränität jedes Staates, d. h. das Recht auf eine eigenständige Kulturpolitik), so verstanden wird, dass man sich nunmehr in Ruhe zurücklehnen kann. Denn – so die Annahme – weil es die Konvention gibt, bleibt alles beim bewährten Alten. Selbst die zweite wichtige Botschaft, dass Kulturwaren und -dienstleistungen einen Doppelcharakter, nämlich neben einem ökonomischen noch einen kulturellen Wert (Ziffer 18 der Präambel) haben, tut man vor dem Hintergrund der traditionellen deutschen Kulturdebatte eher als selbstverständlich ab.

Es ist nämlich gerade das gut ausgebaute System der Kulturpolitik in Deutschland, das die größte Rezeptionsschwierigkeit bereitet. Denn kaum ein Mensch hat dieses System als gefährdet angesehen. Zwar diskutiert man seit einigen Jahren (in vermutlich ziemlich kleinen Kreisen) die Gefahr, die von Welthandelsverträgen wie GATS (General Agreement on Trade with Services) ausgeht. Doch könnte nunmehr nach der Verabschiedung der Konvention der Eindruck entstehen, dass eine vertiefte Auseinandersetzung mit dieser recht komplizierten Problematik nicht mehr lohnt, weil die Gefahr jetzt abgewendet worden ist. Natürlich ist dies nicht der Fall. Weder wird die Welthandelsorganisation, noch werden etliche ihrer Mitglieder aufhören, Druck zu machen in Hinblick auf „Liberalisierungen" im Bereich der Medien und der kulturellen und sozialen Dienstleistungen, so dass uns diese Auseinandersetzungen erhalten bleiben. Und es ist die Konvention mit ihren Schutzmechanismen keineswegs zum Nulltarif zu haben. Doch um herauszubekommen, welches der Preis ist, der für den neuerlichen Schutz der nationalen Kulturpolitik zu zahlen ist, muss man sich intensiver mit der Konvention auseinandersetzen.

Gerade völkerrechtlich wirksame Konventionen im Bereich Bildung und Kultur haben für Kultur- und Humanwissenschaftler das Problem, dass ihre Sprache auf den ersten Blick so vertraut erscheint. Doch „gehört" eine solche Konvention nicht den Kulturleuten, sie haben möglicherweise noch nicht einmal ein privilegiertes Deutungsrecht. Denn diese Regelungen und Instrumente sind ein Teil des Völkerrechtes. Es werden zudem ökonomische Fragen – zumindest im Subtext – angesprochen, so dass Juristen und Ökonomen ganz selbstverständlich von einem Anspruch auf Deutungshoheit ausgehen.

Betrachten wir die Konvention aus einer kulturwissenschaftlichen Sicht etwas näher. Ihre korrekte Bezeichnung ist „Convention on the Protection and Promotion of the Diversity of Cultural Expressions". Es geht also um Schutz und Förderung, das heißt um Bestehendes (Schutz) und zu Entwickelndes (Förderung). Dies ist nicht unwichtig, da in der Kulturpolitik ein permanenter Verteilungskonflikt zwischen Kulturerbe und der Produktion neuer Ausdrucksformen besteht – konkret: fördert man Museen oder Künstler? Dabei hilft der salomonische Spruch, das eine zu tun, ohne das andere zu lassen, in der konkreten Umverteilungssituation nicht weiter. Es geht zudem um „Cultural Expressions" – sicherlich kein leichter Begriff. Das haben die AutorInnen wohl auch so gesehen und liefern daher in Abschnitt III der Konvention eine Liste von acht Definitionen. Zusätzlich wird ein Bedeutungsfeld rund um „Culture" in den 21 Punkten der Präambel aufgespannt, wobei auf schon vorhandene Deklarationen, Konventionen und andere völkerrechtlich gültige Instrumente als verbindliche Referenzgrößen hingewiesen wird. Insbesondere sind dabei die Allgemeine Erklärung der Menschenrechte (insbes. Artikel 27: Recht auf kulturelle Teilhabe sowie Schutz des geistigen Eigentums; letzteres noch einmal in Ziffer 21 der Präambel hervorgehoben), der Internationale Pakt über ökonomische, soziale und kulturelle Rechte aus dem Jahr 1966, in Kraft gesetzt 1976 (geht in kultureller Hinsicht kaum weiter als der genannte Artikel 27 der Menschenrechtserklärung) und die – völkerrechtlich niederrangigere – „Allgemeine Erklärung zur kulturellen Vielfalt" aus dem Jahr 2001 zu nennen. Wichtig sind allerdings auch die Bezüge zu nicht primär kulturell orientierten Instrumenten (etwa zur Bekämpfung von Armut; Nr. 6 der Präambel). Die widerspruchsfreie Eingliederung dieser Konvention in das System bereits vorhandener völkerrechtlicher Instrumente wird zudem eigens in Artikel 20 hervorgehoben, wobei – ohne dass dies explizit erwähnt wird – insbesondere die WTO-Verträge (GATT, GATS und TRIPS) – gemeint sind.

Mit dem Hinweis auf die anderen völkerrechtlichen Instrumente, speziell auf die „Allgemeine Erklärung" vom November 2001, die über weite Strecken wörtlich im Präambelteil der Konvention aufgenommen wurde, bewegt man sich zumindest auf einem gut eingeführten Begriffsgerüst. „Kultur", so definiert die UNESCO spätestens seit der legendären Mexiko-Konferenz 1982, bekräftigt von der Weltkommission über Kultur und Entwicklung und wiederholt in der Stockholm-Konferenz 1998, ist die „Gesamtheit der unverwechselbaren geistigen, materiellen, intellektuellen und emotionalen Eigenschaften, die eine Gesellschaft oder eine soziale Gruppe kennzeichnen" und umfasst „über Kunst und Literatur hinaus auch Lebensformen, Formen des Zusammenlebens, Wertesysteme, Traditionen und Überzeugungen..." (Fünfter Punkt der Präambel der „Allgemeinen Erklärung").

Dieses dichte Begriffsnetz, das – wie erwähnt – im 3. Teil der Konvention noch erweitert wird, kann schon alleine aufgrund der Tatsache, dass es seit Jahrzehnten eingeführt ist, zumindest in politischer Hinsicht mit einem weitgehenden Konsens rechnen. Allerdings stellt sich aufgrund der zunehmenden Komplexität der Verknotungen und wechselseitigen Bezüge die Frage der seriösen (empirischen oder theoretischen) Fundierung. Konkret: Es liegt zumindest nahe, die Begriffsarchitektur auf Zirkelhaftigkeit zu überprüfen. Nun mag man einwenden, dass Präambel und Teil I der Konvention, wo die Begrifflichkeit entfaltet wird, keine philosophische Grundlagenforschung sein will. Es handelt sich letztlich um ein politisches Instrument. Dem ist jedoch entgegen zu halten, dass mit der Konvention die Kulturpolitik international eine höchstrangige Verankerung erhält und eventuelle Widersprüche auf Dauer in der Praxis, spätestens jedoch dann, wenn vor den Schieds- oder sonstigen Gerichten Meinungsunterschiede und Deutungsdifferenzen ausgetragen werden, Folgen haben werden. Zudem verdient es die traditionell hohe Reflexionsqualität der UNESCO, dass strenge Maßstäbe angelegt werden. Es wäre also notwendig und durchaus reizvoll, die wechselseitigen Bezüge der Begriffe auch graphisch darzustellen, um eventuellen Zirkeln auf die Spur zu kommen.

An dieser Stelle will ich zumindest auf folgendes hinweisen: Einige Begriffe werden definiert (etwa der Kulturbegriff: „sollte angesehen werden als ..."), einiges wird politisch-mehrheitlich per Konsens verabredet („es wird bestätigt, dass..."; „man ist sich bewusst, dass ..."), einiges ist eine politische Zielformulierung (etwa die Einbeziehung von Kultur als strategischem Element). Die Präambel nutzt ein ganzes Spektrum derartiger Formeln, die streng genommen lediglich aussagen, dass es sich um Konventionen, Verabredungen, politische Entscheidungen etc. handelt. Einige der Positionen beanspruchen jedoch eine empirische Gültigkeit (z. B. Nr. 8 der Präambel: der unterstellte Zusammenhang zwischen Wissenssystemen indigener Gruppen und nachhaltiger Entwicklung; Nr. 4: Der Zusammenhang zwischen Vielfalt und Frieden etc.), für die man gerne solidere Belege kennen lernen würde. Wissenschaftstheoretisch, so muss man feststellen, ist das begriffliche Fundament eine recht wilde Mixtur normativer, empirischer, von anderen Normenkatalogen wie etwa der Menschenrechtserklärung abgeleiteter, politischer oder konsensueller Setzungen, die eine vertiefte Analyse verdienten. Dies um so mehr, als es auch bei der Wahl von Leitbegriffen („kulturelle Identität", „Vielfalt", „Nachhaltigkeit") Konjunkturen gibt, so dass eine gewisse Zeit- und Modeabhängigkeit nicht auszuschließen ist (vgl. meinen Artikel „Kulturelle Vielfalt" in UNESCO heute 1/2005).

Man studiere vor diesem Hintergrund einmal die Ableitungszusammenhänge in Teil III: „Definitionen" (vgl. S. 39). „Kulturelle Vielfalt" wird auf „die verschiedenen Wege" zurückgeführt, in denen Kulturen von Gruppen und Gesellschaften ihren Ausdruck finden. „Kultureller Ausdruck" ist ein Ausdruck mit kulturellem Inhalt. Ein „kultureller Inhalt" bezieht sich auf die symbolische Bedeutung, die künstlerische Dimension und kulturellen Werte, die abgeleitet werden von kulturellen Identitäten oder solche ausdrücken. „Kulturelle Aktivitäten, Güter und Dienstleistungen" haben wiederum etwas mit dem kulturellen Ausdruck zu tun, Kulturindustrie produziert selbige. Kulturpolitik schließlich ist eine solche, die sich auf Kultur bzw. kulturellen Ausdruck bezieht. Genauso wird in Teil 3 in einem systematisch wirkenden Ableitungszusammenhang die verwendete Begrifflichkeit eingeführt.

Man liegt vermutlich nicht völlig falsch, wenn man die Crux dieser Begriffsakrobatik in der Problematik des Kulturbegriffs sieht. Notwendig ist dieser Begriffsaufwand sicherlich, um die zentrale These von dem Doppelcharakter zu begründen, der sich auch schon in der Stockholm-Erklärung (1998) und in der Allgemeinen Erklärung (Art. 8) findet. In der Kunsttheorie ist diese Aussage übrigens nicht unstrittig, Kunstwerke als „Träger von Identitäten, Wertvorstellung und Sinn" (Ziffer 18 der Präambel) zu sehen. Die hier skizzierte Crux ist m.E. unvermeidbar. Man möchte nämlich die (europäisch-westliche) Fokussierung von Kultur bloß auf die ästhetische Kultur und die Künste vermeiden. Man spürt dabei deutlich, dass in der Geschichte der UNESCO Ethnologen und Kulturanthropologen (etwa Levy-Strauss) eine wichtige Rolle spielten: Kultur ist demzufolge (auch) die gesamte Lebensweise der unterschiedlichen Gruppen und Gesellschaften. Für Ethnologen ist dies Grundbedingung ihrer Tätigkeit. Insgesamt kann man die Konjunktur der Idee der kulturellen Vielfalt, des Respekts vor der Mannigfaltigkeit der je gleichwertigen Formen menschlicher Lebensgestaltung als späten Triumph der Ethnologen und Kulturanthropologen im UNO/UNESCO-Kontext werten. Denn bekanntlich hat am Vorabend der Verabschiedung der Allgemeinen Erklärung der Menschenrechte der Sprecher der Amerikanischen Anthropologenvereinigung Herkovits – vergeblich! – diese noch verhindern wollen mit der Argumentation, dass die Allgemeine Erklärung kultur-universalistisch sei, aufgrund ihrer westlichen Prägungen zudem kulturimperialistisch und daher ignorant gegenüber der Vielzahl der gleichwertigen Kulturen (als Lebensweisen).

Doch ist es nicht so leicht, eine Kulturpolitik mit einer naturgemäß begrenzten Aufgabenstellung zu beschreiben, die zugleich „Kultur als Lebensweise" als Arbeitsbegriff hat. Denn „Lebensweise" ist – wenn überhaupt – bestenfalls der Gegenstand aller politischen Gestaltungen. Engt man jedoch den Kulturbegriff pragmatisch auf das ein, was Kulturpolitik real zu leisten vermag, dann grenzt man zu vieles aus, was einer bornierten „Kunst"-Perspektive erst gar nicht in den Blick kommt. Daher hantiert man in der kulturpolitischen Debatte – auch in der UNESCO – gleichzeitig mit einem anthropologisch-philosophischen, einem ethnologischen und einem ästhetischen Kulturbegriff. Dieses Problem ist aus meiner Sicht auch gar nicht anders zu lösen. Es zeigte sich in der Konvention etwa dort, wo der Anwendungsbereich definiert wird: Nur die Künste sollten es eben nicht sein, gegen die Einbeziehung der gesamten Industrie rund um das Kunstgewerbe erhoben sich jedoch viele Gegenstimmen. Dem ersten Entwurf vom Juli 2004 waren daher zwei Anhänge beigefügt, von denen der eine eine (unvollständige) Auflistung infrage kommender kultureller Güter und Dienstleistungen enthält und der zweite eine Beschreibung möglicher kulturpolitischer Maßnahmen und Felder. Aus guten Gründen wurden beide Anhänge in der Folgezeit weggelassen, sind jedoch auch weiterhin hilfreich bei der Implementierung der Konvention.

Wo man begrifflich keine saubere Lösung erreicht, wird man auf ein pragmatisches Vorgehen zurückgreifen. Dieses besteht ganz einfach darin, jeweils auf nationaler (und EU-)Ebene die jeweilige Praxis der Kulturpolitik unter Einbeziehung der Kulturwirtschaft in den Blick zu nehmen. Unsere Aufgabe besteht daher darin: Eine pragmatische, aber möglichst vollständige Erfassung und Beschreibung des nationalen Anwendungsbereichs der Konvention zu erarbeiten. Gemäß Art. 4.6 („cultural policies and measures") ist dies für die lokale, regionale, nationale und internationale Ebene zu leisten. Zu ermutigen sind jedoch auch all jene, die die Begriffsarbeit ernst nehmen und die hier bloß angedeutete

Analyse der Ableitungs- und Begründungszusammenhänge der Begriffe vornehmen. Nur nachrichtlich ist hier darauf hinzuweisen, dass Teil I „8 Prinzipien" enthält, die z.T. Feststellungen der Präambel wiederholen, die jedoch ebenfalls weitreichende empirische Behauptungen enthalten und deren logischer Status einer strengen Analyse daher viel Kopfzerbrechen bereiten wird.

Der begriffliche Aufwand in den ersten Teilen der Konvention ist kein Selbstzweck, sondern will politische Interventionen rechtfertigen. Man muss dabei stets im Auge behalten, dass es um mindestens zwei Ziele geht: Die Möglichkeit einer nationalen Kulturpolitik mit besonderen Schutzrechten für den kulturellen Bereich einschließlich einer Künstler- und Kulturförderung, die nun nicht mehr als „marktschädliche Subvention" verboten werden können, und die Aufrechterhaltung einer lebendigen (nationalen) Kulturwirtschaft, die die Konkurrenz mit den global players, die es in (fast) jeder Sparte gibt, auch überstehen kann (Art. 2.2, Abs. 5). Das Anwendungsfeld ist daher wie gesehen schwer, widerspruchsfrei zu beschreiben oder gar abzuleiten, es ist jedenfalls groß. Und in diesem Anwendungsfeld wirken Regelungen, die ganz unterschiedlichen Politikfeldern zugeordnet sind. Es geht um Regelungen und Maßnahmen auf allen Ebenen (lokal, regional, national, international), es geht um alles, was mit dem Schaffen, Verbreiten, Verteilen und dem Zugang zu Kultur zu tun hat, es geht um Schutz des Alten und um die Entwicklung des Neuen.

Teil IV umschreibt in den Artikeln 6, 7 und 8 solche Regelungen, weist auf die Teilhaberechte aller Gruppen hin, bezieht öffentliche, private und gemeinnützige Institutionen ein, kurz: Es wird Vollständigkeit angestrebt. Das bedeutet, dass als politische Regelungen in Betracht zu ziehen sind: Die unmittelbaren Regelungen in der Kulturpolitik selbst, aber – gemäß einer Art Kulturverträglichkeitsklausel – alle Regelungen in anderen Politikfeldern, die auf die Herstellung, Verbreitung und Nutzung von „Kultur" Einfluss haben.

Was ist hier zu tun?

1. Es wird eine Aufstellung aller in Frage kommender Regelungen auf jeder politischen Ebene und in jedem Politikfeld be-

nötigt, sofern sie Einfluss auf „Kultur" haben (neben der Kulturpolitik sind u.a. Bildungs-, Sozial-, Steuer-, Rechts- etc. -politik einzubeziehen).
2. Alle Regelungen sind zu überprüfen, ob sie „kulturelle Vielfalt" sicherstellen, ob sie etwa Gruppen oder Regionen diskriminieren oder ausschließen (das gilt ggf. auch für die Benachteiligung künstlerischer Genres).
3. Es ist jedoch auch zu überprüfen, ob die vorhandenen Regelungen ausreichen, um die Konventionsziele zu erreichen, oder ob nicht auch neue Regelungen geschaffen werden müssen.

Damit stellen sich einige gravierende Fragen. Um zu entscheiden, ob ein kulturpolitisches Förderinstrument oder eine andere Regelung (z. B. die Besteuerung ausländischer Künstler) das Konventionsziel der Vielfalt erfüllt, braucht man handhabbare Kriterien. Man muss also zum einen wissen, wer oder was von der betreffenden Regelung erreicht wird – und was nicht. Man braucht zudem durchaus auch quantifizierbare oder einsichtige qualitative Kriterien, an denen man das Ziel überprüfen kann. Das Problem besteht dabei darin, dass es für die wenigsten Regularien in der Kulturpolitik bislang einen solchen Überblick oder auch nur eine Kenntnis von Methoden, wie er gewonnen werden kann, gibt. Man braucht also eine systematische Evaluation bislang wirksamer kulturpolitischer Instrumente. Spätestens dann wird sich zeigen, wie tragfähig die Begriffsarbeit ist, die oben beschrieben wurde.

Wo soll man beginnen, um vorhandene Defizite in der Datenlage zu beschreiben? Es gibt etwa keine Einigung, welche Berufsgruppen und Bereiche in den Kulturwirtschaftsberichten einbezogen werden. Je nach Abgrenzung schwankt daher die Zahl der Beschäftigten im Kulturbereich zwischen 700.000 und 1 Million. Es gibt keine Angabe der Auswirkung der Hartz-IV-Regelungen auf den Kulturbereich. Es gibt kaum tragfähige Statistiken über die Anteile der Sparten an der Kulturförderung oder über die erreichten Zielgruppen. Man weiß nicht, ab wann das Kriterium „kulturelle Vielfalt" verfehlt worden ist, etwa bei dem Publikum der Theater und Opernhäuser oder der Kunstausstellungen. Fest steht jedoch, dass ein solcher Verstoß nicht ohne Sanktionen bleiben dürfte. Jedes Mitgliedsland muss nach Inkrafttreten alle vier Jahre einen Bericht über den Stand der Umsetzung vorlegen. Bislang hat Deutschland bei der Vorlage solcher Sachstandsberichte bei vergleichbaren Konventionen nicht immer gut abgeschnitten. Zu erinnern ist etwa an die Berichte zur Lage der Kinder und Jugendlichen im Rahmen der UN-Kinderrechtskonvention, wo der vorgelegte deutsche Bericht von der zuständigen Kommission als unzureichend zurückgewiesen wurde – durchaus eine Blamage für ein Land, das auf seine Sozialgesetzgebung stolz sein will.

In Hinblick auf die Umsetzung der Konvention, speziell bei der Frage der Präzisierung der Begriffe, ihrer Operationalisierung, der Entwicklung überprüfbarer Kriterien steht man auch in anderen Ländern erst am Anfang. Am weitesten dürfte man in der Rundfunk- und Medienpolitik gediehen sein. In seinem Leitartikel der Ausgabe 1/06 von „Politik und Kultur" beschreibt der kanadische Medienexperte M. Grant die entsprechende tool-box für die Medienlandschaft und zählt sechs medienpolitische Instrumente auf, die der Erhaltung und Entwicklung der kulturellen Vielfalt dienen können: Existenz eines öffentlich-rechtlichen Rundfunks; Festlegung bestimmter Sendezeiten bei privaten Anbietern für bestimmte Programme; Abgabe der TV-Anbieter für Kunst, die es schwer hat; Eigentumsregelungen in Medienbetrieben (in Bezug auf Ausländer); Förderung unabhängiger Produzenten; Steuererleichterungen und Subventionen. Immerhin liegt hiermit für einen Teilbereich der Kultur- und Medienpolitik eine ausgearbeitete Konzeption vor, so wie sie für alle anderen Kulturbereiche noch zu entwickeln ist.

Wer soll dies tun?

Zunächst einmal ist der Staat bzw. sind die Kommunen in der Pflicht, ihre jeweiligen Regelungen entsprechend der Arbeitsteilung des kooperativen Kulturföderalismus zu durchforsten. Dies muss schon geschehen bei der Vorbereitung der Ratifizierung der Konvention, da überprüft werden muss, ob sie in schon bestehende Regelungen eingreift und welche Gesetze daher zusammen mit der Ratifikation geändert werden müssen, um Kompatibilität herzustellen.

Art. 11 fordert die Staaten auf, die Zivilgesellschaft in die Umsetzung der Konvention einzubeziehen. In der Tat formuliert die Konvention ihre Ziele für alle Akteure in der Kultur, so dass sich insbesondere die Kulturverbände engagieren müssen. Da zur Zeit alle Fragen rund um eine Präzisierung und Operationalisierung der Begriffe, der Entwicklung geeigneter Indikatoren und ihrer Überprüfung noch offen sind, lohnt sich ein Engagement. Denn es geht letztlich auch um das Deutungsrecht im eigenen Bereich.

Mit all diesen noch zu leistenden „Hausaufgaben" ist die Konvention noch nicht an ihr Ende gekommen. Zu erwähnen sind etwa die Verpflichtung zu einer internationalen Kooperation, die Errichtung eines Fonds, der Aufbau eines Informationssystems und der „Organe" (Konferenz der Mitglieder, Komitee, Streitschlichtungsverfahren). Völlig offen ist die Frage, wie im Falle eines Streits mit der WTO verfahren wird (Art. 20: Grundsätzliche Gleichwertigkeit aller völkerrechtlich relevanten Regelungen).

Es ist anzunehmen, dass innerhalb der UNESCO die Vorbereitungen für die zuletzt angesprochenen Punkte begonnen haben. Die beteiligten Staaten werden ihre Ratifizierungsverfahren – je nach nationaler Regelung – gestartet haben, wobei die endgültigen autorisierten Text-Fassungen erst in der zweiten Januarhälfte zur Verfügung standen und nunmehr erst verbindliche Fassungen in der jeweiligen Landessprache erstellt werden können. Offenbar ist die Statistik-Abteilung der UNESCO beauftragt worden, die oben angesprochenen Probleme der Operationalisierung und Indikatorenbildung anzugehen. Die Europäische Union überlegt offenbar, neben ihren Mitgliedsstaaten auch selbst die Konvention zu ratifizieren. Das heißt aber auch, dass alle angesprochenen Überprüfungen ebenso für die politischen und Förder-Instrumente auf EU-Ebene stattfinden müssen. Im Kontext des Europa-Rates wurde der europäische Forschungsverband ERICarts mit entsprechenden Forschungsaufgaben beauftragt (ERICarts 2006). In den internationalen Zusammenschlüssen (INCD, INCP etc.) werden ebenfalls Überlegungen angestellt, wie man zu Indikatoren und Operationalisierungen der komplexen Begriffe und Ziele kommen kann.

4 Aktuelle Probleme und Herausforderungen

4.1 Herausforderungen

Was man in der Kulturpolitik als Problem oder gar Herausforderung akzeptiert und bearbeitet, hängt mit dem jeweiligen Verständnis von „Kultur" zusammen.

Wer etwa der Überzeugung ist, dass „Kultur" im Wesentlichen „Kunst" bedeutet, wird sich sehr stark um die Aufrechterhaltung der kulturellen Infrastruktur, also der Kunstbetriebe, kümmern. Gesellschaftliche Problemlagen tauchen dann höchstens indirekt auf: Wenn etwa eine unzureichende Realisierung einer kulturellen Teilhabe aller einer öffentlichen Förderung die Legitimation zu entziehen droht. Eine Gefahr besteht also hier in einer Verengung der Perspektive.

Wer auf der entgegengesetzten Seite des Spektrums Kulturpolitik als die bessere Sozialpolitik versteht, wird alle gesellschaftlichen Probleme zu kulturpolitischen Problemen erklären – und vielleicht das Spezifikum eines Umgangs mit den Künsten aus dem Blick verlieren: Ihre zu starke Instrumentalisierung führt nämlich dazu, dass sie ihre Wirksamkeit verlieren könnten. Dieses Grundproblem der Kulturpolitik wird erhalten bleiben: zwischen einem extrem engen und einem alle Konturen verlierenden weiten Kulturbegriff. Einige aktuelle Ansätze von Kulturpolitik greifen allerdings unmittelbar gesellschaftliche Probleme auf, ohne dass sie notwendigerweise ihr Spezifikum verlieren.

So wurde in den letzten Jahren in der Sozialphilosophie das Konzept der Anerkennung neu belebt. „Neu belebt" deshalb, weil es mit Hegel einen wichtigen Vordenker hatte, insbesondere in der Figur des Herrn und des Knechtes in der Phänomenologie des Geistes. Insbesondere hat sich der Sozialphilosoph Axel Honneth Verdienste um seine Präzisierung erworben. Inzwischen wurde er auch in der Politikwissenschaft, speziell in der Sozialpolitik aufgegriffen und im Rahmen eines „kulturalistischen Sozialstaatsverständnisses" (Nullmeier in Lessenich 2003; Nullmeier 2000) als tragende Kategorie genutzt.

Prozesse der Anerkennung können sehr gut im Kulturbereich initiiert werden: Finden Kulturen bestimmter Gruppen ihren Platz im öffentlich geförderten Kulturangebot bzw. generell in der kulturellen Öffentlichkeit? Gibt es eine Repräsentanz von Mitgliedern in kulturellen Gremien, Einrichtungen und Organisationen? Werden die besonderen Probleme – etwa die einer nicht-assimilativen Integration – thematisiert?

Eine Kulturpolitik der Anerkennung ist sensibel für derartige Prozesse, insbesondere gegenüber Minderheiten. Am Beispiel des Streites zwischen Honneth und Fraser (Fraser/Honneth 2003) wird aber auch deutlich, worin die Gefahren eines solchen Ansatzes liegen. Denn sehr leicht wird durch eine bloß kulturelle Deutung einer Problemlage, die eher durch soziale, politische oder ökonomische Ausgrenzungsprobleme verursacht wird, eine Politik zu einer im schlechten Sinne bloß symbolischen Politik, einer Politik also, die bloß Handeln simuliert, aber letztlich nichts ändern will.

Ähnlich ambivalent ist eine zeitweilig in klassischen Zuwanderungsländern wie etwa Kanada betriebene Identitätspolitik. In diesem Kontext will man die besonderen Identitäten von Gruppen „bedienen", macht dabei jedoch den Fehler, dass man dadurch leicht „Identitäten" festzuschreiben sucht und sie dadurch zu einem Gefängnis macht. Man sieht, dass oft gut gemeinte Ansätze das angestrebte (humane) Ziel ins Gegenteil verkehren können.

Welche weiteren Probleme gilt es heute zu bewältigen?

Ich versuche im Folgenden einige Probleme herauszugreifen und zu diskutieren. Dabei werden bewusst Theorien und Ausführungen des bisherigen Textes in die Argumentation einbezogen – quasi als Nagelprobe für deren Relevanz.

4.2 Der demographische Wandel als kulturelle Herausforderung

Lässt sich über den demographischen Wandel überhaupt noch etwas sagen, das nicht schon in jeder Rede – vorzugsweise zu den Gefahren für die sozialen Sicherungssysteme – benannt worden ist? Inzwischen kennt jeder die alarmierenden Zahlen, zumal sie von dem Feuilletonchef einer großen Zeitung in einem ausgesprochen marktschreierischen Ton als Bestseller auf den Markt geworfen wurden. Aber auch im Tonfall eher ruhigere Stellungnahmen wie die der EU-Kommission benennen sie. Also in Kürze: Nur noch 1,3 Kinder pro Frau, die Anzahl der Menschen ab 60 unter 100 Personen steigt von zur Zeit 44 auf über 55 in 2020 und auf 71 in 2030, so dass bald jeder sozialversicherungspflichtige Arbeitnehmer einen Rentenempfänger finanzieren müsse. Die Angst vor der Armut wächst, so wie insgesamt mit der Alterung der Menschen viel Angst erzeugt wird. Es gibt natürlich auch die andere Seite, die ein höheres Lebensalter als zivilisatorischen Fortschritt begreift, die Alter gerne als Chance und nicht als Risiko sehen möchte. Doch es überwiegen in den Medien eindeutig die Schreckensszenarien. Und diese dienen natürlich immer wieder auch dazu, bestimmte ökonomische Ordnungsmodelle zu propagieren. All diese Miegels, Henkels und die anderen Vertreter einer Neuen Marktwirtschaft kennen immer nur die eine Schlussfolgerung: Liberalisierung des Arbeitsmarktes, Senkung der Lohnnebenkosten, Reduzierung der Sozialleistungen, Verschärfung der Lebensbedingungen für die Leistungsempfänger und vor allem: private Vorsorge. Die meisten dieser Prognosen beruhen dabei auf zumindest unvorsichtigen Entwicklungsvoraussagen (vgl. Müller 2004). Dies soll hier weniger interessieren. Es soll vielmehr die Frage gestellt werden, was der demographische Wandel, der grob, aber ausreichend für unsere Zwecke als eine Verschiebung der Zusammensetzung der Bevölkerung in Richtung Alter verstanden werden soll, eigentlich kulturell bedeutet.

Die ersten Reaktionen im kulturpolitischen Bereich zielen darauf, dass das Problem der Zusammensetzung des Publikums von Kultureinrichtungen, die Nutzer also, genauer betrachtet wird. Hat man schon seit Jahren die Überalterung des Publikums, also ein Fehlen von Jüngeren beklagt, so muss man jetzt erstaunt feststellen, dass es auch unter den Alten und Älteren – gleichgültig ob man die Grenze hierfür bei 55 oder 60 setzt – ebenfalls eine große Unzufriedenheit gibt: Zu viele scheinbar „altersgemäße" und oft vom übrigen Angebot inhaltlich, zeitlich und organisatorisch abgesonderte Angebote. Es gehen zudem zwar mehr Ältere in die Vorstellungen, doch sind es immer dieselben, also diejenigen, die auch schon in jungen Jahren aktive Kulturnutzer waren. Bourdieu lässt also grüßen, und die einzige Verwunderung ist die, dass diese Realität immer noch Verwunderung auslöst. Denn die Kultursoziologie und die Nutzerforschung kennen Bourdieus Erkenntnisse mittlerweile seit über 30 Jahren: Kultur trennt, schafft über je gruppenspezifische ästhetische Präferenzen ein ausdifferenziertes System „feiner Unterschiede" (so der Titel von Bourdieus Grundlagenbuch aus den 70er Jahren), die zudem aufs engste mit sozialem Status und Zugangschancen zur Macht zusammenhängen. Ohne gezielte Zielgruppenarbeit ändert sich daran nichts, so dass die These, dass eine reine, publikumsunsensible Konzentration lediglich auf das Angebot von Kultureinrichtungen die allseits bekannte und ungerechte Zahl produziert, die man immer wieder lieber verschweigen möchte: Dass nämlich über die Jahre hinweg nur fünf bis zehn Prozent der Gesamtbevölkerung die Kultureinrichtungen nutzen, von dem Menschenrecht auf kulturelle Teilhabe also keine Rede sein kann. Eine demokratisch orientierte Kulturpolitik muss sich immer wieder mit diesem Misserfolg auseinandersetzen. Natürlich geht es anders, natürlich gibt es bei Theatern, Museen, Opern und Konzerthäusern hervorragende Beispiele etwa von kultureller Jugendarbeit, von denen der in dieser Hinsicht weniger aktive Rest lernen könnte. Aber es ist auch hier der Fortschritt eine Schnecke. Immerhin hat die Kulturpolitik das Thema entdeckt und vielleicht hilft sogar die wenig sachbezogene Dramatisierung der Debatte, ein wenig mehr Druck für ein entsprechendes Handeln zu produzieren.

Der demographische Wandel als „kulturelles Problem" ist jedoch weitaus mehr, möglicherweise sogar etwas anderes als die bislang vorgestellte kulturpolitische Problematik. Begreift man „Kultur" weiter als bloß das Angebot von Kultureinrichtungen, versteht man darunter etwa auch Werte und Normen, Vorstellungen von Lebensweisen, spezifische Umgangsweisen des Menschen miteinander und mit der Natur – und dies bezogen auf Einzelne und auf größere und kleinere gesellschaftliche Gruppen –, dann ergeben sich ganz andere Fragen. Zum einen wird man zur Kenntnis nehmen müssen, dass die Verschiebung der Alterszusammensetzung einhergeht mit einer ethnischen Verschiebung in unserer Gesellschaft. So stimmt zwar die Durchschnittszahl von 10 – 15% von Menschen mit Zuwanderungsgeschichte (wobei die Zahl abhängt von der Definition der Grundbegriffe), doch verteilt sich diese Zahl sehr unterschiedlich auf die verschiedenen Generationen. Als Faustregel mag gelten, dass der Zuwanderungsanteil umso größer wird, je jünger die betrachteten Gruppen sind, wobei zudem regionale Unterschiede oftmals gravierend sind (z. B. bayrischer Wald im Vergleich zu Neukölln). Man betrachte nur einmal die eingeschulten Jahrgänge von Kindern in der Grundschule, wo Prozentsätze von über 70 bis zu 100% an Zuwandereranteil keine Seltenheit sind. Der Begriff des „Zuwanderers" splittet sich dabei auf in ein weites Spektrum von Russland-Deutschen bis Afrikanern, von Arbeitsimigranten, politisch Verfolgten bis zu Menschen, deren Ahnen vor Urzeiten einmal von Deutschland in den Osten gezogen sind. Berücksichtigt man, dass es genau diese Gruppe junger Menschen ist, die durch unser Bildungssystem systematisch vernachlässigt wird, dann zeigt sich in der Tat nicht nur ein Problem, sondern ein gesellschaftlicher Sprengsatz. Dabei beruht diese These – anders als manche Skandalmeldungen zur Alterversorgung – nicht auf Mutmaßungen und unvorsichtigen Verallgemeinerungen, sondern schlicht auf seriös erfasster Bildungsrealität, nämlich auf PISA. Nimmt man zudem die Ergebnisse der Jugendkulturforschung hinzu, die gerade in dieser Gruppe nur eine vernachlässigbar kleine Zahl von Nutzern traditioneller Kultureinrichtungen ausmacht, dann mag man seine Phantasie durchaus einmal in die Zukunft wandern lassen: Glaubt man wirklich, dass sich bei den dann im Erwerbsleben stehenden Menschen eine aufwendige Finanzierung eines Kulturbetriebs legitimieren lässt, mit dem sie so gar nichts zu tun haben? Theater wie etwa das in Köln gehen daher in die richtige Richtung, wenn sie bei der Ausschreibung der Stelle der Theaterleitung Erfahrungen mit interkultureller Arbeit und eine besondere Sensibilität für diese gesellschaftliche Situation bindend vorschreiben.

Hochinteressante Studien zum kulturellen Wandel hat in den 90er Jahren Albrecht Göschel (1991) vorgelegt. Wie bereits Autoren von einigen historischen Jugendstudien vor ihm gelangte er in empirischen Untersuchungen zur Identifikation unterschiedlicher Verständnisweisen von Kultur, wobei er einen Wechsel des Kulturbegriffes im Zehnjahresabstand beschrieb. Diese unterschiedlichen Kulturbegriffe korrespondieren mit unterschiedlichen Kulturpolitikbegriffen, durchaus mit erheblichen Folgen für den Kulturbetrieb und seine Förderung. Verbindet man diesen Ansatz mit der oben vorgetragenen Überlegung, dann kommt man zu durchaus interessanten Spekulationen über das Kulturpolitikverständnis der nachwachsenden Generationen und darüber, welche Einrichtungen und Projekte im Rahmen dieses Verständnisses wohl gefördert werden könnten.

Ein weiterer Aspekt ist hierbei relevant. Gesellschaften bestehen aus einer Pluralität von Lebensweisen und Wertekonzeptionen. Bei vielen Fragen ist ein Nebeneinander, vielleicht sogar eine wechselseitige Befruchtung denkbar. Man kann sich jedoch auch Fragen vorstellen, bei denen eine Konkurrenz widerstreitender Ausrichtungen angesagt ist, bei der sich nur eine einzige durchsetzen kann. Gesamtgesellschaftlich ist „Kultur" nämlich Miteinander, Nebeneinander und auch Gegeneinander. Die Durchsetzung von Sichtweisen hat wiederum etwas damit zu tun, welche Rolle diese Trägergruppe in der Gesellschaft spielt. Ist also eine Situation völlig undenkbar, bei der die Kulturkonzeptionen ökonomisch tragender Gesellschaftsgruppen in Widerstreit geraten zu den Kulturvorstellungen der älteren Generationen, wobei die Mehrheitsverhältnisse letztere begünstigen, kurz gesagt: dass diejenigen, die zahlen, den Kürzeren ziehen? Ist unsere Gesellschaft gerüstet, diese Form von Kulturkonflikten auszutragen, die sehr schnell ihre politischen Grundlagen erschüttern könnten?

Ein weiterer Aspekt hat mit altersspezifischen Entwicklungsaufgaben zu tun. Ältere und alte Menschen neigen dazu und haben geradezu die (individuelle und gesellschaftliche) Aufgabe, reflexiv ihr gelebtes Leben zu verarbeiten. Der Blick ist nach hinten gerichtet, ganz im Sinne des seinerzeit verabschiedeten Aktionsplans der Vereinten Nationen von Wien, der diese reflexive Selbstbesinnung in ihrer kulturellen Bedeutung für die Gesamtgesellschaft hervorhebt. Jüngere Menschen müssen dagegen ihre Zukunft planen, ihren Lebensweg erst noch gestalten. Zukunftsorientierung und Vergangenheitsbewältigung sind immer schon gesamtgesellschaftlich gleichzeitig zu erfüllende Aufgaben, allerdings – gerade in der Kulturpolitik – immer auch ein unvermeidbarer Streitgegenstand: Soll man das Kulturerbe oder zukünftige junge Kunst fördern? Doch was geschieht mit einer Gesellschaft oder einer „Kultur", die sich mehrheitlich zurück orientiert? Es ist öfter schon darauf hingewiesen worden, dass es keine Erfahrungen mit derart alternden Gesellschaften gibt. Wohl kennt die Geschichte das Altern von Kulturen. Denn dies ist auch ein Grund dafür, dass Kulturen von der weltgeschichtlichen Bildfläche verschwinden.

Ein letztes Problem sei angesprochen. „Gesellschaft" ist keine Ansammlung von Dingen oder Personen, sondern ein dynamisches Geflecht von Beziehungen; Beziehungen zwischen Einzelnen und Gruppen, zwischen Geschlechtern und Generationen, zwischen Lebensstilen und Klassen. Diesem realen Beziehungsgeflecht stehen immer wieder Bilder gegenüber, die sich Einzelne und Gruppen von sich und anderen machen. Dies ist eine notwendige kulturelle Dimension von Gesellschaft, weil es etwas mit der Reflexivität, dem ständigen Prozess der Selbstdeutung zu tun hat. Der Mensch, so der kanadische Philosoph Charles Taylor, ist das sich ständig selbst interpretierende Tier. Und dies hat sich im Zuge der Moderne erheblich verstärkt. So existieren in der Gesellschaft Bilder anderer Generationen, die durchaus wirkungsmächtig für politische Prozesse sind. So liegt der Bildungs- und Jugendpolitik ein Bild und auch ein Konzept von Kindheit und Jugend zugrunde, das letztlich durch das Erziehungs- und Bildungssystem und durch die Programme der Jugendpolitik gestützt wird. Dieses Bild hängt aufs engste zusammen mit den Bildern von Alter und mit den Bildern, die sich Alte von Jungen machen. „Demographischer Wandel" heißt in diesem Kontext dann auch, dass sich die Bilder und ihre Trägergruppen verändern – letztlich mit Folgen für alle Politikfelder. Es geht also nicht nur – so wie häufig zu hören ist – bloß darum, ein freundlicheres Bild von Alter in der Gesellschaft zu etablieren, sondern vielmehr darum, dass sich ein neues dynamisches Geflecht von Fremd- und Selbstbildern der unterschiedlichen Generationen entwickeln wird. Doch was dies konkret für eine Jugend-, Bildungs- und Kulturpolitik bedeutet, ist völlig unklar.

Hier liegen sehr viel bedeutsamere Problemstellungen, die mit den agitatorischen Debatten über die vermeintliche Krise der Rentenversicherung oder mit eher harmlosen Fragen über das Kulturpublikum nur wenig zu tun haben. Demographischer Wandel hat also entschieden eine kulturelle Dimension. Und das Kultursystem selbst, gerade der Kulturbetrieb verfügt über die geeigneten Medien, diesen zwar spekulativen, aber höchst relevanten Diskurs zu führen.

4.3 Streitfall Leitkultur

Offenbar müssen wir jetzt alle Jahre mit einer erneuten Debatte über „Leitkultur" rechnen. Eingeführt wurde der Begriff von dem Politikwissenschaftler Bassam Tibi, der die Europäer ermutigen wollte, nicht allzu schnell auf die europäischen Werte der Menschenrechte zu verzichten. Das Bedeutungsspektrum dieses schillernden Begriffs reicht jedoch weiter. Am entgegengesetzten Ende des Spektrums findet sich die Rede von einer deutschen Schicksalsgemeinschaft. Daher einige Impulse zu einem Umgang mit diesem schwierigen Begriff.

Über Vielfalt, speziell über kulturelle Vielfalt kann man offenbar leichter sprechen als danach handeln. Zumal nunmehr auch noch eine UNESCO-Konvention die „Vielfalt" schützen soll und zur Umsetzung ansteht. Akzeptiert man Vielfalt, dann sollte es offenbar keine solche sein, bei der alles gleichwertig ist. Es muss schon ein besonders wichtiges Element gefunden werden, das eine Leitfunktion gegenüber den anderen hat, in irgendeiner Weise also die Richtung vorgibt. Wo Vielfalt ist, findet man auch Unterschiede. Entgegen der alltäglichen Sprache, wo man recht oft und vollmundig von kultureller Integration spricht, von Brücken, die kulturelle Arbeit schlägt, ist gerade Kultur vor jeder Herstellung von Einheit zunächst einmal die Anerkennung von Unterschieden. Dies war bereits bei Herder am Ende des 18. Jahrhunderts so. Herder verdanken wir die bahnbrechende Erkenntnis, dass die Menschen auf recht unterschiedliche Weise menschlich leben können. Bahnbrechend war das damals, weil man mit aller Selbstverständlichkeit davon ausgegangen ist, dass es für den zivilisierten Menschen nur eine einzige angemessene Lebensform geben könne, die europäische nämlich. Oberstes „humanes" Ziel konnte es daher höchstens sein, den Rest der Welt an diese Lebensweise heranzuführen, zu ihrem eigenen besten, versteht sich. Um diese Unterschiede zu benennen, hat Herder den Kulturbegriff in die Sprache der Gebildeten eingeführt. Wer dies bloß für Geschichte hält, sollte sich daran erinnern, wie viele unserer gegenwärtigen Konflikte auch als Kampf um spezifische Lebensweisen verstanden werden können.

„Kultur", so T. Eagleton (2001, S. 182), „ist nicht nur das, wovon wir leben. In erheblichem Maße ist es auch das, wofür wir leben. Liebe, Beziehung, Erinnerung, Verwandtschaft, Heimat, Gemeinschaft, emotionale Erfüllung, geistiges Vergnügen, das Gefühl einer Sinnhaftigkeit ...". Es geht also um die wichtigsten Ziele und Inhalte unseres Lebens, zu denen wir eine starke emotionale Bindung haben. Genau dies ist die exakte Definition dessen, was man Werte nennt. Gemeinsame Werte verbinden sicherlich. Aber es hat jeder ganz eigene Vorstellungen davon, wie sein „Projekt des guten Lebens" zu gestalten sei. Spätestens seit den fulminanten Studien von Pierre Bourdieu in den siebziger Jahren des letzten Jahrhunderts kann man gar nicht mehr ignorieren, wie stark Kultur und speziell ästhetisch-kulturelle Praxisformen und Rezeptionsweisen die Menschen trennen. „Die feinen Unterschiede", so der Titel seines wichtigsten Buches, kommen nicht nur wesentlich durch Kultur zustande, sie sorgen auch dafür, dass letztlich jeder an seinem Platz in der Gesellschaft bleibt und sich diese daher in ihrer Grundstruktur wenig ändert. Den einen freut dies, den sozialistischen Politiker Bourdieu hat diese Erkenntnis des Soziologen Bourdieu am meisten aufgebracht. Natürlich lässt sich in diesem Verständnis von Gesellschaft eine „Leitkultur" identifizieren: Es ist nicht die Kultur der Vielen, also die Mehrheitskultur, es ist vielmehr die Kultur der Leitenden, der Eliten, die den Ton angeben. Eine englische Übersetzung dieses Begriffs zeigt dies klarer als das deutsche Original: command culture.

Kultur ist also immer schon politisch, und eine Leitkultur ist es allemal.

Doch bleiben wir noch ein Stück weit auf der Ebene der Kulturtheorie. Die UNESCO ist zwar auch eine politische Organisation. In ihren kulturpolitischen Aussagen bewegt sie sich jedoch immer auf einem aktuellen Stand der Theoriedebatten. Dies gilt insbesondere für die Kulturpolitik. Sehr präzise beschreibt es die ehemalige stellvertretende Direktorin, die anerkannte Sozialanthropologin Lourdes Arizpe, im Vorwort zum zweiten Weltkulturbericht mit dem für uns hochrelevanten Titel „Cultural diversity, conflict and pluralism": Kulturen, so heißt es da, sind nicht länger die festen, begrenzten, kristallisierten Behälter („Container"), als die man sie früher betrachtet hat. Sie sind vielmehr zum einem ständig im Prozess, zum anderen im ständigen Austausch. Arizpe verwirft daher sogar das Bild von den Kulturen als einem Mosaik, obwohl es doch sehr schön zum Ausdruck bringt, wie aus der Vielzahl von Verschiedenem ein Ganzes entsteht, denn es ist zu statisch. Sie verwendet stattdessen das Bild von einem Fluss. Es ist sicherlich kein Zufall, dass Ulrich Beck ebenfalls immer wieder auf „Container-Begriffe" zu sprechen kommt, wenn er falsche Gesellschaftskonzepte kritisiert: „Staat", „Identität" und eben auch „Kultur" werden immer wieder so verwendet, als ob es sich um feste, abgrenzbare Dinge handele. Gerade für Kultur taugt ein solcher Containerbegriff nicht, da sie – so informiert der Kulturdiskurs in allen relevanten Disziplinen – im Modus des Interkulturellen entsteht. Kultur ist eben immer ein Amalgam von Kulturen und der Mensch somit – so wieder Herder – ein „Lehrling der ganzen Welt".

Falsche Begriffe, so die Einsicht, führen zwangsläufig zu falscher Erkenntnis und zu falscher Politik. Nun ist sie also wieder da, die Leitkulturdebatte. Man mag nun einwenden, dass die Pluralität der Kulturen, ihre Dynamik und das Interkulturelle nicht im Widerspruch dazu steht. Vielleicht gelingt in der Tat eine Schreibtischdefinition, die dies leistet. Nur: Im politischen Alltagsgebrauch wird doch eher der Containerbegriff verwendet. Und dieser ist verbunden mit der Vorstellung, dass man weiß, was die deutsche Leitkultur ist. Sogar auf einer Tagung der Kulturpolitischen Gesellschaft zur Interkultur wurde diese Vorstellung prominent vorgetragen: Erst wenn die Zuwanderer ihren (unseren!) Bach und Schiller kennen, erst wenn wir sie alle in den Theatern und Konzerthäusern finden, ist ihre Integration abgeschlossen. Ganz so, als ob es nicht (mindestens) 70 - 80% Deutschstämmige gäbe, die weder mit Schiller und Bach noch mit Theatern und Konzerthäusern etwas anfangen können. Schlecht ist die Idee eines allseitig akzeptierten Kultur-Kanons ja nicht. Doch zustande kommen wird er nie, auch wenn ihn einige selbstgewiss zu kennen glauben.

Diesen Kulturausschnitt betrifft jedoch nur ein Teil der Debatte um eine Leitkultur. Zu einem wesentlichen Teil geht es nämlich auch darum, zum einen die alltäglichen notwendigen Kompetenzen – etwa die Landessprache – hervorzuheben. Zum anderen sind es die bereits oben erwähnten Werte, so wie sie sich gerade in der europäischen Tradition zu den Menschenrechten verdichtet haben: quasi als Ertrag der Anstrengungen vieler humanistischer Denker. Dies war es auch, was der Politikwissenschaftler Bassam Tibi, der „Erfinder" der Rede von der Leitkultur, gemeint hat: Die basalen europäischen Werte der Freiheit, der Gerechtigkeit, der autonomen Lebensgestaltung (Joas/Wiegand 2005). Diese Diskussion macht Sinn, allerdings zunächst einmal in kritischer Hinsicht. Denn wie zeigt sich das Selbstverständnis als Wertegemeinschaft bei der Nato, wenn man über Jahrzehnte Diktaturen wie Griechenland, Spanien oder Portugal gut hat dulden können? Wo zeigen sich die Menschnrechte in der EU bei so basalen Dingen wie den Agrarsubventionen, bei denen – wie zuletzt bei den WTO-Verhandlungen in Hongkong – immer wieder darauf aufmerksam gemacht wird, dass sie erhebliche Schuld an der Armut der Länder in Asien, Afrika und Südamerika tragen. Über Werte lässt sich gut reden. Und gerne suggeriert man, dass die „europäischen Werte" bereits eine empirische Beschreibung der Realität seien. Dies sind sie jedoch nicht. Bestenfalls sind sie eine kritische Messlatte, an der man den Alltag gerade der Ausgegrenzten, Vernachlässigten und Marginalisierten messen muss. Eine Leitkultur der Werte wird also leichter beschrieben und behauptet als realisiert. Denn wenn – wie oben gesagt – sich Werte von Normen durch ihre starke emotionale Besetzung unterscheiden, dann lässt sich dies gerade nicht erzwingen. Zwar kann man einige abendländische Bekenntnisse in Fragebogen packen und bei der Einbürgerung abfragen. Doch erhält man so eher eine Leitkultur des Examinierens und Disziplinierens.

Wie weiter also mit dieser Debatte? Wenn es darum geht, kulturelle Grundkompetenzen für Zuwanderer zu formulieren, so sollte man dies tun und die Erwartungen klar benennen. Man muss dann allerdings auch Möglichkeiten bereitstellen, dass diese erworben werden können. Der Begriff der Leitkultur ist hierbei wenig hilfreich, er weckt vermutlich eher falsche Assoziationen. Will man über europäische Werte sprechen, so ist auch dies sinnvoll. Jürgen Habermas (2004, S. 49f.) hat seinerzeit in seinem von vielen wichtigen Intellektuellen mitgetragenen Memorandum zum völkerrechtswidrigen Krieg im Irak sieben solcher identitätsstiftenden Orientierungen genannt: Säkularisierung, die starke Rolle des Staates gegenüber dem Markt (Sozialstaatsprinzip), Solidarität vor Leistung, Technikskepsis, Bewusstsein über die Paradoxien des Fortschrittes, Abkehr vom Recht des Stärkeren, Friedensorientierung aufgrund von Verlusterfahrungen. Dabei geht es gerade nicht darum, diese z. T. provokativen Vorschläge einfach zu oktroyieren, sondern sie kritisch zu diskutieren. Eine solche Debatte über unser Selbstverständnis als Bürger, als Parteien und Organisationen, als Staat oder Staatengemeinschaft ist notwendig und sinnvoll. Aber auch hier: Diese Debatte unter dem irreführenden Begriff der Leitkultur führen zu wollen, befördert sie gerade nicht, sondern lockt sie eher in eine selbstgewisse Sackgasse. „Kultur", so könnte es auch die nationale Politik allmählich lernen, ist wenig geeignet für Debatten, die schon von der Begrifflichkeit her nur einen Weg in den Container zulassen. Eine humane und weltoffene Politik ist damit ebenso wenig zu machen wie die Anregung weiterführender Debatten, wenn die Leitkategorie der Debatte deren Ergebnis schon vorweg zu nehmen scheint.

4.4 Staatsziel Kultur

Eine Strategie, die Legitimation von öffentlichen Ausgaben für eine Kultur zu verbessern, besteht seit einigen Jahren in der Idee, im Grundgesetz als weiteres Staatsziel „Kultur" zu verankern. Die Enquête-Kommission „Kultur in Deutschland" des Deutschen Bundestages hat als Formulierungsvorschlag den Satz eingebracht: „Der Staat schützt und fördert die Kultur". Doch welche „Kultur" soll der Staat fördern?

Eine erste ehrliche Antwort auf die Frage, welche „Kultur" der Staat fördern soll, klingt zunächst struktur-konservativ. Es geht um diejenige Kultur, von der die Befürworter dieses Staatszieles leben.

Es geht hierbei um zweierlei: Es geht zum einen um Menschen mit Kulturberufen, etwa um Künstlerinnen und Künstler, es geht zum anderen aber auch um Institutionen und Projekte, die sich mit Kultur befassen. Man kann all dies durchaus „Betriebssystem Kultur" nennen. Nun mag man fragen, ob durch diese Annäherung nicht zu stark das Bedeutungsfeld von Kultur eingeschränkt wird, denn wir haben es hier offensichtlich mit dem zumindest im kulturpolitischen Diskurs verpönten „engen Kulturbegriff" zu tun, der Kultur auf die Künste reduziert. Darauf wird zurückzukommen sein. Zunächst aber ist zu fragen, ob es für diese „Kultur" bereits einen Schutz im Grundgesetz gibt. Bei einer gründlichen Lektüre des Grundgesetzes wird man diese Frage verneinen müssen. Nein, explizit ist von einem Schutz und einer Förderung von Kultur (im Sinne des Betriebssystems Kunst) nicht die Rede.

Nun steht das Grundgesetz nicht alleine für sich, sondern es muss – hier durchaus vergleichbar mit Kunstwerken – gedeutet werden. Insbesondere sind die höchstrichterlichen Auslegungen durch das Bundesverfassungsgericht relevant. Das vermutlich wichtigste Urteil in diesem Kontext ist eine Interpretation des berühmten Kunstfreiheits-Artikels (Art. 5, Abs. 3 GG) in dem berühmt gewordenen „Schallplattenurteil" vom 5. März 1974. Dort heißt es:

> „Art. 5 Abs. 3 GG enthält zunächst ...ein Freiheitsrecht für alle Kunstschaffenden und alle an der Darbietung und Verbreitung Beteiligten, das sie vor Eingriffen der öffentlichen Gewalt schützt ... Als objektive Wertentscheidung für die Freiheit der Kunst stellt sie den modernen Staat, der sich im Sinne einer Staatszielbestimmung auch als Kulturstaat versteht, zugleich die Aufgabe, ein freiheitliches Kunstleben zu erhalten und zu fördern." (zitiert nach Geis 1990, S.17)

Man kann also feststellen, dass die Künste nicht bloß geschützt werden müssen, sondern dass es zusätzlich auch einen staatlichen Förderauftrag gibt. Dieses Urteil ist auch deshalb relevant, weil es eine der sehr wenigen Fundstellen ist, in denen explizit von einem „Kulturstaat" (als Staatsziel) die Rede ist.

Man kann nunmehr fragen, wieso eine solche Schutz- und Förderklausel für Kunst existiert. Zum einen ist es hier sicherlich der Einfluss der Tradition spätestens seit der Aufklärung, in der Kunst und Ästhetik als eine von drei existentiell wichtigen Zugangsweisen des Menschen zur Welt (neben einem erkennenden und moralisch-ethischen Zugang) einen systematischen Platz in der Philosophie gefunden hat. Es ist natürlich auch die sozialhistorische Erfolgsgeschichte von Kunst (und Kunsteinrichtungen) bei der Entwicklung des deutschen Bürgertums im 19.Jahrhundert hinzuzuziehen. Systematisch mag man unterstellen, dass die – auch anthropologisch begründbare – Einsicht, dass ohne Kunst menschliches Leben ein unvollständiges Leben ist, vom Verfassungsgeber respektiert wurde. Doch wie steht es mit dem Vorwurf der Selbstbedienung des Betriebssystems Kunst und seiner Menschen? Nun, ganz pragmatisch gesehen: Wie soll denn Kunst funktionieren ohne Menschen und Institutionen, die sie produzieren, reproduzieren und verteilen, wobei all dies nicht im luftleeren Raum, sondern nur in geeigneten Örtlichkeiten geschehen kann? Man sieht: Bekennt man sich zur Kunst, so muss man sich auch dazu bekennen, dass Kunst personelle und gegenständliche Ressourcen braucht. Es bleibt allerdings eine entscheidende Lücke: Kunst lebt nur dann, wenn es Menschen gibt, die sie rezipieren. Mit dem geeigneten Begriff aus der Allgemeinen Erklärung der Menschenrechte (Art. 27.1): Dem (geschützten und geförderten) Angebot muss eine demokratische kulturelle Teilhabe aller Bürger Innen entsprechen.

Nun gibt es selbst unter jenen, die in Kunsteinrichtungen arbeiten, wie etwa freiberufliche KünstlerInnen, ein gewisses Unbehagen an dieser Engführung des Kulturbegriffs. Denn seit über 30 Jahren bestimmt der „weite" Kulturbegriff die kulturpolitische Debatte. Ich komme daher zu meinem zweiten Schritt:

Wenn man dieselben Menschen, die man in dem ersten Teil nach ihrer beruflichen Tätigkeit befragt hat, nach ihrem individuellem Kulturverständnis fragt, so wird es überwiegend der „weite Kulturbegriff" sein, der als Grundüberzeugung angegeben werden wird. Wir sprechen jetzt allerdings nicht mehr über die kulturelle Praxis, sondern über das theoretisch-ideologische Selbstverständnis jedes einzelnen. Und dieses wird entschieden durch diesen weiten Kulturbegriff bestimmt. Dieser weite Kulturbegriff ist immerhin so wichtig, dass es einen Streit über das Urheberrecht zwischen dem Europa-Rat und der UNESCO gibt. Die offizielle Definition des weiten Kulturbegriffs geht auf die Weltkonferenz über Kulturpolitik in Mexiko 1982 zurück:

> „Deshalb stimmt die Konferenz im Vertrauen auf die letztendliche Übereinstimmung der kulturellen und geistigen Ziele der Menschen darin über ein,
> dass die Kultur in ihrem weitesten Sinne als die Gesamtheit der einzigartigen geistigen, materiellen, intellektuellen Aspekte angesehen werden kann, die eine Gesellschaft oder eine soziale Gruppe kennzeichnet. Dies schließt nicht nur Kunst und Literatur ein, sondern auch Lebensformen, die Grundrechte des Menschen, Wertsysteme, Traditionen und Glaubensrichtungen;
> dass der Mensch durch die Kultur befähigt wird, über sich selbst nachzudenken. Erst durch die Kultur werden wir zu menschlichen, rational handelnden Wesen, die über ein kritisches Urteilsvermögen und ein Gefühl der moralischen Verpflichtung verfügen. Erst durch die Kultur erkennen wir Werte und treffen die Wahl. Erst durch die Kultur drückt sich der Mensch aus, wird sich seiner selbst bewusst, erkennt seine Unvollkommenheit, stellt seine eigenen Errungenschaften in Frage, sucht unermüdlich nach neuen Sinngehalten und macht Werke, durch die er seine Begrenztheit überschreitet." (Schwencke 2006, S. 125).

In einer Kurzfassung kann man den weiten Kulturbegriff als Künste plus Lebensweise („Kultur ist, wie der Mensch lebt und arbeitet") betrachten. Es handelt sich eindeutig um einen ethnologisch beeinflussten Kulturbegriff, der die Totalität der Lebensvollzüge des Menschen in den Blick nimmt. Zu diesem weiten Kulturbegriff ist folgendes anzumerken:

1. Der weite Kulturbegriff, der in ähnlicher Form auch der Neuen Kulturpolitik (Soziokultur) zugrunde liegt (vgl. Röbke 1993), war geradezu ein Sensationserfolg auf der Diskursebene.
2. Auch in der Praxis sind unter Bezug auf den weiten Kulturbegriff etliche Neuerungen eingeführt worden. So sind etwa

die neuen kulturellen Orte wie Soziokulturelle Zentren oder Jugendkunstschulen ebenso etabliert worden, wie sich traditionelle Kunsteinrichtungen etwa durch die Angliederung spezifischer pädagogischer Vermittlungsabteilungen geöffnet haben.
3. Trotz dieses offensichtlichen Erfolges muss man allerdings ernüchtert feststellen, dass sich im Kernbereich der Kulturpolitik bis heute nicht viel geändert hat. Man betrachte sich einmal den Kulturetat einer theatertragenden Stadt. Wenn man in diesem Kulturetat die Ausgaben für das Theater, die Oper, die Volkshochschule, die Stadtbücherei und die Museen abzieht, dann bleiben gerade mal 10% übrig, die für Stadtteilprojekte, für Laienchorverbände, für Geschichtsprojekte oder für „Soziokultur" übrig bleiben.
4. Nur am Rande will ich hier darauf hinweisen, dass der weite Kulturbegriff in der auswärtigen Kulturpolitik eine wichtige Rolle gespielt hat. Allerdings ist der „weite Kulturbegriff" der Außenpolitik nicht identisch mit dem weiten Kulturbegriff der Kulturpolitik. Dies gilt ebenso für den „weiteren Kulturbegriff", so wie ihn Staats- und Verfassungsrechtler gerne verwenden.

Auch hier soll die Frage gestellt werden, inwieweit dieser weite Kulturbegriff bereits jetzt durch das Grundgesetz geschützt wird. Insbesondere geht es um das Verständnis von Kultur als Lebensweise. Wiederum muss man mit Nein antworten, wenn man nach einer expliziten Erwähnung im Grundgesetz sucht. Allerdings erfährt die Lebensweise der Menschen den höchst möglichen Schutz des Grundgesetzes, nämlich in Art. 1, der sich mit der Menschenwürde befasst. Dem Grundgesetz liegt nämlich die Idee eines Menschen zugrunde, der sein Leben autonom und selbstbewusst gestaltet. Diese autonome Lebensgestaltung – quasi der Kern der europäischen kulturellen Moderne (Fuchs 2001) – ist nicht bloß durch das Grundgesetz geschützt, sie kann sogar als dessen höchste Rechtsnorm verstanden werden.

Bevor man sich nunmehr entspannt zurücklehnt, weil sowohl der enge Kulturbegriff (Kultur als Kunst) als auch der weite Kulturbegriff (Kultur als Lebensweise) durch das Grundgesetz einen

Schutz erfahren, sollte man sich einmal überlegen, ob dieser weite Kulturbegriff wirklich der operative Kulturbegriff der Kulturpolitik ist. Meine These läuft darauf hinaus, dass es gerade dieser weite Kulturbegriff ist, der die Kulturpolitik zwischen den Polen Größenwahnsinn und Machtlosigkeit pendeln lässt. Wenn sich die Kulturpolitik wirklich anmaßt, die Lebensweise der Menschen gestalten zu wollen, so kann dieses anspruchsvolle Ziel angesichts der Knappheit der Ressourcen nur lächerlich wirken. Wer allerdings denkt, dass die von der Kulturpolitik ermöglichten Kunstpraxen völlig wirkungslos seien gegenüber den Vorstellungen, die sich die Menschen über ihr Projekt des guten Lebens machen, irrt ebenfalls. Denn gerade hier entfalten die Künste ihre entscheidende soziale und individuelle Wirkung.

In einem dritten Schritt will ich nur kurz die aktuelle Debatte über die „Leitkultur" streifen (siehe oben). Offensichtlich gibt es im Moment zumindest zwei Verständnisweisen dieses schwierigen Begriffs: Im Verständnis des Erfinders dieses Begriffs, nämlich Bassam Tibi, dem sich auch Jürgen Habermas angeschlossen hat, wird mit Leitkultur die europäische Leitkultur der Menschenrechte bezeichnet. Natürlich ist dieses Verständnis einer Leitkultur durch das Grundgesetz geschützt, dieses kann geradezu als die nationale Ausdifferenzierung der Allgemeinen Erklärung der Menschenrechte verstanden werden. Ein zweites Verständnis von „Leitkultur" glaubt, Kultur kanonisieren und in Form von Fragebögen überprüfen zu können. Dieses Verständnis von Kultur widerspricht nicht bloß allen Erkenntnissen über kulturelle Entwicklung, sondern kann auch unter keinen Umständen durch das Grundgesetz abgedeckt werden.

Zur Kulturdebatte außerhalb der Kulturpolitik

Im ersten Teil wurde zumindest angedeutet, dass es selbst in dem professionellen Feld der Kulturpolitik gar nicht klar ist, was mit Kultur gemeint sein könnte. Dort, wo man am präzisesten eine inhaltliche Füllung des Kulturbegriffs angeben könnte, nämlich in Bezug auf den Kunstbetrieb, auf die Künstlerinnen und Künstler, auf die Entstehung, Verteilung und Rezeption von Kunst, entsteht ein Unbehagen darüber, dass dieser Kulturbegriff zu eng sein könnte. Je weiter man allerdings den Kulturbegriff fasst, umso schwieriger wird es, ihn definitorisch eindeutig zu klären. Dies dürfte insbesondere in juristischen Kontexten – und um einen solchen geht es bei der angestrebten Erweiterung des Grundgesetzes – eine erhebliche Schwierigkeit bereiten, da das Feld der Rechtsprechung von der Klarheit der Begriffe geradezu lebt.

Ein noch größeres Problem soll in diesem zweiten Teil angesprochen werden. Kulturpolitikerinnen und Kulturpolitikern müssen nämlich zur Kenntnis nehmen, dass sie überhaupt kein privilegiertes Deutungsrecht darüber haben, was unter Kultur verstanden werden könnte. Gerade eine Entwicklung der letzten zwei Jahrzehnte, die oft genug im Kulturbereich bejubelt worden ist, die Tatsache nämlich, dass sehr viele Einzeldisziplinen in den Wissenschaften ihren cultural turn hinter sich gebracht haben, entfaltet hier eine für die Kulturpolitik missliche Wirkung. In der Tat haben inzwischen alle wissenschaftlichen Einzeldisziplinen entdeckt, dass eine kulturbezogene Herangehensweise an die disziplinären Probleme zu neuen Erkenntnissen führen kann. Wenn man sich allerdings damit beschäftigt, in welcher Weise nunmehr in den verschiedenen Disziplinen Kultur reflektiert wird, wird man feststellen müssen, dass die unterschiedlichen Diskurse nur einen sehr geringen Überschneidungsbereich haben. Man stellt vielmehr fest, dass jede Disziplin einen eigenen Kulturbegriff – oft sogar mehrere – entwickelt hat. Bei einer Sichtung der unterschiedlichen Kulturdebatten (Fuchs 2007) kann man möglicherweise feststellen, dass vielleicht noch Herder und evtl. Kant gemeinsam als Bezugspersonen hergenommen werden. Man kann zudem feststellen, dass der meistzitierte Kulturtheoretiker der Ethnologe Clifford Geertz ist. Aber damit ist die Einigkeit auch schon am Ende. Über diese knappe Gemeinsamkeit hinaus entwickeln sich die disziplinären Kulturdiskurse bereichsspezifisch mit eigenen Autoren und eigenen Theorieansätzen.

Das sehr verständliche Problem, das nunmehr bei einem Staatsziel Kultur entstehen könnte, ist nun, dass jede Disziplin zunächst einmal daran denkt, dass mit der „Kultur" des Grundgesetzes das eigene Kulturverständnis gemeint ist. Dies allerdings macht wenig Sinn. Für die Kulturpolitik bedeutet dies, dass sie sich mitten in einem Streit um das Deutungsrecht über Kultur befindet und dass sie in diesem Streit keine privilegierte Position hat.

Es gibt allerdings eine Gruppe, die diese privilegierte Position in Bezug auf das Grundgesetz durchaus hat, und das ist die Gruppe der Staats- und Verfassungsrechtler. In der Geschichte hat es immer wieder große Debatten über ein mögliches Staatsziel Kultur unter den Staats- und Verfassungsrechtlern gegeben. Zu erinnern ist etwa an die große Debatte Anfang der 80er Jahre (Steiner/ Grimm 1984), es ist aber auch daran zu erinnern, dass es im Zuge der deutschen Einigung zu grundlegenden Debatten über eine mögliche neue deutsche Verfassung gekommen ist, bei der auch über das Staatsziel Kultur verhandelt worden ist. Zuletzt wurden Staatsrechtler von der Enquête-Kommission Kultur in Deutschland angehört. Ein Teil dieser Debatten bezog sich dabei nicht bloß auf ein Staatsziel Kultur, man verband dies auch mit einer Rede von einem „Kulturstaat", so wie er auch in der oben zitierten Urteilsbegründung des Bundesverfassungsgerichts auftaucht. Gerade dann, wenn man sich für eine Aufnahme eines Staatsziels Kultur im Grundgesetz ausspricht, kann einem der geistige und historische Hintergrund der verwendeten Begrifflichkeiten nicht gleichgültig sein. Denn „Kultur" in fast allen Definitionen schließt ein historisches Bewusstsein – gerade sich selbst gegenüber – ausdrücklich mit ein. Ebenso wie es eine äußerst problematische Herkunft des verbreiteten Begriffs der Daseinsvorsorge gibt (Fuchs 2004, Daseinsvorsorge), hat der Kulturstaatsbegriff Wurzeln, die einer parlamentarischen Demokratie definitiv nicht entsprechen. Es lohnt sich daher, kurz auf diesen historischen Kontext hinzuweisen. Ich stütze mich dabei auf die bislang ausführlichste Studie zu diesem Bereich, nämlich die von Max-Emanuel Geis (1990). Geis zeigt, dass der zentrale Stichwortgeber eines jeglichen Redens über den „Kulturstaat" der Staatsrechtler Ernst Rudolf Huber ist, der wiederum in der Nachfolge von Hegel und Carl Schmitt gesehen werden muss. Es handelt sich um eine Argumentation, in der BürgerInnen kaum eine Rolle spielen, sondern die vielmehr den Staat in Hegelscher Tradition in den Mittelpunkt des Denkens stellt. Das Fazit von Geis: „Das Kulturstaatskonzept Ernst Rudolf

Hubers ist unter den Vorgaben des Grundgesetzes verfassungsrechtlich nicht haltbar." (a.a.O., S. 266ff.).

Im Kontext der Kulturpädagogik und der kulturellen Bildungsarbeit ist diese Debatte deshalb interessant, weil sie weitgehend parallel zu einer eigenen Traditionslinie verläuft. Denn man hat lange Zeit nicht gesehen, dass es sich bei dem Begriff der Kulturpädagogik nicht um eine Neuschöpfung der siebziger Jahre des 20. Jahrhunderts handelt, sondern dass es bereits eine Kulturpädagogik während der Weimarer Zeit gegeben hat. Die historische Situation war die, dass man sich ernsthaft Sorgen darüber gemacht hat, wie die entmutigten und eher nihilistisch geprägten Kriegsheimkehrer aus dem Ersten Weltkrieg, die nunmehr die Universitäten bezogen, wieder zu einer positiven Werthaltung kommen könnten, die man als notwendig für ihren späteren pädagogischen Beruf ansah. In dieser Situation ergriff mit dem Historiker und Theologen Ernst Troeltsch ein enger Kollege und Freund von Max Weber die Initiative, als er kurzzeitig in der jungen Republik das Amt eines Staatssekretärs im Kultusministerium innehatte. Er entwickelte zusammen mit Spranger und anderen den Gedanken, im Rahmen der Lehrerbildung eine einheitliche Kulturpädagogik zu entwickeln, die die Aufgabe der Werteerziehung für die angehenden Gymnasiallehrer übernehmen sollte. Nach der Absage von Kerschensteiner einigte man sich auf den Düsseldorfer Pädagogen und Philosophen Theodor Litt. Dieser Gedanke ist in der Praxis dann jedoch gescheitert, weil die Vorstellung, eine durch den Staat nicht bloß festgelegte, sondern dann auch noch verbindlich vermittelte Leitkultur schon damals der kulturtheoretischen Debatte nicht mehr entsprochen hat. Obwohl Ernst Troeltsch ein kämpferischer Demokrat und von seiner politischen Haltung her ein Linksliberaler war, so stand er doch in der problematischen Tradition des Kulturprotestantismus, in der nicht bloß in der Traditionslinie von Hegel dem Staat eine zentrale Rolle zugebilligt wurde, sondern in dem man den Protestantismus als die dazu passende Staatsreligion betrachtete. Dieser Ansatz der Kulturpädagogik ist seinerzeit als Versuch einer ideologischen Vergesellschaftung von Oben gescheitert. Die Vorstellung jedoch, dass der Staat verbindlich eine Kanonisierung von Kultur vornimmt und diese mit seinen Machtmitteln (etwa der Bildungspolitik) der Bevölkerung verabreicht, wurde dann in der Nazizeit – entgegen der Vorstellung vieler liberaler Denker der zwanziger Jahre – erfolgreich umgesetzt. Es gibt nämlich auch eine reaktionäre Ausrichtung dieses Hegelschen Staatsdenkens, bei der neben Hegel vor allen Dingen der englische Philosoph Thomas Hobbes eine Rolle spielt. Diese Linie wurde vertreten durch den rechtskonservativen Staatsrechtler Carl Schmitt und seinen Schüler Ernst Forsthoff und ist über Leo Strauss bis heute bei den NeoCons in der Regierung Bush lebendig. Diese Linie ist durch prominente Schüler dieser beiden Genannten auch in der bundesrepublikanischen Debatte über das Staats- und Verfassungsrecht präsent. Ebenso wie das frühe Kulturpädagogik–Konzept ist das Kulturstaatskonzept von seiner Genese und seinem geistigen Hintergrund her kein demokratisches und offenes Konzept.

Nun ist Max-Emanuel Geis nicht der einzige Verfassungs- und Staatsrechtler, der sich mit dem Staatsziel Kultur befasst hat. Vielmehr gibt es eine intensive Diskussion unter Staats- und Verfassungsrechtlern, wobei insbesondere an die Jahrestagung 1982 zu erinnern ist. Ich greife aus dieser komplexen Debatte den Beitrag von Dieter Grimm heraus, der damals einen der beiden Grundsatzvorträge gehalten hat. Dieter Grimm liefert eine für unsere Zwecke bis heute taugliche Definition dessen, was „Kultur" bedeuten kann:

> „Kultur ist als ein überpersonales System von Weltdeutungen, Sinnstiftungen, Wertbegründungen und -überlieferungen *samt deren symbolischen Ausdrucksformen* zu verstehen, dessen soziale Funktion in der ideellen Reproduktion der Gesellschaft liegt."
>
> „Die Bedeutung der so verstandenen Kultur besteht für den Einzelnen in der Sicherung eines Grundvorrats an Wissen, Sinnerleben und Ausdrucksformen, den er mit anderen teilt und der intersubjektive Verständigung und sinnhaftes soziales Handeln erst ermöglicht."
>
> „Für die Gesamtheit stellt die Kultur die Grundlagen kollektiver Identität und sozialer Integration bereit, auf der auch die Integrationsleistung des Staates basiert, dessen Institutionen und Aktivitäten selbst kulturell gegründet sind und kultureller Legitimation bedürfen."

> „Im kulturellen Bereich liegen daher Funktionsvoraussetzungen für die Erfüllung der Staatsaufgaben. Insofern ist der Staat von der Kultur abhängig, die ihrerseits zur Sicherung und Einverleibung der grundlegenden identitätsverbürgenden Werte wieder auf den Staat angewiesen ist."
>
> „Da der oberste verfassungsrechtliche Zielwert der Menschenwürde und die auf ihn bezogene demokratische Herrschaft nur unter bestimmten kulturellen Voraussetzungen realisierbar sind, erteilt das Grundgesetz dem Staat auch ohne ausdrückliche Kulturstaatsklausel einen Kulturauftrag." (in Steiner/Grimm 1984, S. 80f.).

Diese Definition ist insofern tauglich, weil sie zum einen von einem Kulturbegriff mittlerer Reichweite ausgeht. Aus meiner Sicht ist für unsere Zwecke besonders der hervorgehobene Einschub relevant, der davon spricht, dass Werte und Normen auf symbolische Weise dargestellt werden. Denn hier sind es insbesondere die künstlerischen Ausdrucksformen, die abstrakte Werte und Normen in vergegenständlichter Form gesellschaftlich wirksam werden lassen. Man muss sich dabei vorstellen, dass Abstrakta wie Werte und Normen eben nicht unmittelbar, sondern eben nur vermittelt über ein entsprechendes Handeln, aber auch über Symbole Wirksamkeit entfalten können. Dieser Gedanke ist durchaus kompatibel mit den obigen Überlegungen zum „Betriebssystem Kultur". Denn wie anders sollen Künste (hier: als Symbolisierungen von Werten, Normen und Identitäten; so auch aktuell die UNESCO-Konvention zur kulturellen Vielfalt) in Erscheinung treten, wenn nicht über Künstlerinnen und Künstler, die produzieren, über ein Publikum, das daran partizipiert und über Institutionen, in denen sie einen Platz haben.

Etwas ernüchternd ist allerdings ein Resümee der Debatte der Staatsrechtler, insbesondere für Kulturpolitikerinnen und Kulturpolitiker. Ich gebe einige Hinweise:

1. Die Verfassungs- und Staatsrechtler sprechen sich ausdrücklich gegen die Aufnahme einer Kulturbegrifflichkeit aus, so wie sie in der Kulturpolitik eine Rolle gespielt hat. Diese ist

in den Augen der Juristen eher einer bestimmten intellektuellen vorübergehenden Mode geschuldet und hat in einer Verfassung nichts zu suchen.
2. Der Kulturbegriff der Staats- und Verfassungsrechtler ist normativ und prinzipiell konservativ.
3. Es besteht daher die Gefahr einer Festschreibung eines bestimmten Entwicklungsstandes der „Kultur". Diese Gefahr wird auch noch dadurch vergrößert, wenn man sich die prominente Rolle des Bundesverfassungsgerichtes bei der Auslegung des Grundgesetzes ansieht.
4. In diesem Zusammenhang spielt dann die jeweilige Zusammensetzung des Bundesverfassungsgerichts eine Rolle. Man tritt den betreffenden Persönlichkeiten sicherlich nicht zu nahe, wenn man hier eine eher konservative Ausrichtung konstatiert. Man möge sich in diesem Zusammenhang einmal nur mit der neuen Publikation des Verfassungsrichters Udo Di Fabio (2005) auseinandersetzen, um ermessen zu können, wie eine mögliche Deutung von „Kultur" bei einem sicherlich irgendwann einmal stattfindenden Musterprozess aussehen würde.
5. Nach wie vor besteht gerade in Deutschland aufgrund einer gewissen Affinität zu einem Etatismus die Gefahr, dass sich das Hegelsche Staatsverständnis, so wie es in der Geschichte des Kulturstaatsgedankens eine Rolle gespielt hat, sich wiederum durchsetzt. Bereits heute kann man feststellen, dass trotz (bzw. wegen) des häufig beschworenen Machverlustes des Nationalstaates es einen erheblichen Ansturm von Repräsentanten des Staates in Gremien zivilgesellschaftlicher Organisationen gibt.

Fazit und ein Vorschlag

1. Kultur ist und bleibt ein komplexer Begriff. Anspruch auf Deutung dieses Begriffes haben viele Disziplinen. Die Kulturpolitik hat kein privilegiertes Deutungsrecht.
2. Trotz der großen Akzeptanz eines weiten Kulturbegriffs in der Kulturpolitik ist es aus meiner Sicht sinnvoll, von einem

pragmatischen Kulturbegriff auszugehen, der auch der operativen Kulturpolitik zugrunde liegt. Dies bedeutet aber auch, dass der geschmähte „Kulturbetrieb", also die Institutionen und Personen des Kulturbereichs, es sind, die geschützt und gefördert werden müssen.
3. Der kulturelle Kernbereich der Künste ist behutsam auszudehnen (Kultur = Künste + X), wobei darauf zu achten ist, dass die Definition und Praktikabilität von Kultur umso schwerer fällt, je weiter man den Kulturbegriff fassen will. Dabei geht es nicht bloß um definitorische Fragen. Eine Entgrenzung des Kulturbegriffs führt dazu, dass er politisch und juristisch nicht mehr handhabbar ist.
4. Der weite (ethnologische) Kulturbegriff im Sinne einer Kultur als Lebensweise ist bereits geschützt.
5. Der weite Kulturbegriff im Sinne einer europäisch humanistischen Leitkultur ist ebenfalls geschützt.
6. Der oft von Staats- und Verfassungsrechtlern verwendete Kulturbegriff, der – ähnlich der Verwendungsweise in der struktur-funktionalen Soziologie – „Kultur" als Bereich der Künste, der Religion und der Wissenschaften versteht, ist mit dieser Sichtweise kompatibel, da die beiden kulturellen Felder Wissenschaft und Religion ihre eigenständige Absicherung im Grundgesetz haben. Allerdings halten sich die Verfassungsrechtler in ihren Ausführungen oft nicht an ihre eigene Begrifflichkeit und verwirren sich und andere mitunter selbst, wenn sie diese in ihren Argumentationen klammheimlich verändern.
7. Auf die tragfähige Begriffsbestimmung von D. Grimm wird nachdrücklich hingewiesen.
8. Vor dem Hintergrund der Tatsache, dass höchstrangige völkerrechtliche Regelungen wie etwa die Allgemeine Erklärung der Menschenrechte, der Pakt zu den sozialen, ökonomischen und kulturellen Rechten oder die jetzt ratifizierte Konvention zur kulturellen Vielfalt von ihrem Rang her unterhalb der Bedeutsamkeit des Grundgesetzes liegen, ist es empfehlenswert, in der internationalen Kulturpolitik eingeführte höchstrangig abgesicherte Leitbegriffe wie etwa „kulturellen Teilhabe" im Rahmen der Aufnahme eines Staatsziels Kultur mit zu be-

rücksichtigen. Man hätte damit auch die Chance, eine hochreflektierte Begrifflichkeit, in unser wichtigstes politisches Dokument mit aufzunehmen. Der entsprechende Artikel 15 des Internationalen Paktes über wirtschaftliche, soziale und kulturelle Rechte (1976) lautet:

> „Art. 15:
> (1) Die Vertragsstaaten erkennen das Recht eines jeden an,
>   a) am kulturellen Leben teilzunehmen,
>   b) an den Errungenschaften des wissenschaftlichen Fortschritts und seiner Anwendung teilzuhaben,
>   c) den Schutz der geistigen und materiellen Interessen zu genießen, die ihm der Urheber von Werken der Wissenschaft, Literatur und Kunst erwachsen.
> (2) Die von den Vertragsstaaten zu unternehmenden Schritte zur vollen Verwirklichung dieses Rechts umfassen die zur Erhaltung, Entwicklung und Verbreitung von Wissenschaft und Kultur erforderlichen Maßnahmen …" (Bundeszentrale 2004, S. 65).

Der Vorteil dieser Aussagen liegt zudem darin, dass sowohl die Produzenten- als auch die Anbieterseite ebenso wie die Vermittlung und die Nutzerseite, die BürgerInnen also, gleichermaßen berücksichtigt sind.

4.5 Auswärtige Kultur- und Bildungspolitik

Was weiß ein politisch informierter Bürger über Auswärtige Kultur- und Bildungspolitik (AKP)? Eher selten wird sie öffentlich debattiert. Vielleicht erinnert man sich als kulturpolitisch interessierter Mensch daran, dass immer wieder rund um Bundestagswahlen die Frage auftaucht, ob man sie nicht besser dem Staatsminister für Kultur und Medien zuschlagen sollte, was dann regelmäßig am Widerstand des jeweiligen Außenministers scheitert. Wer lässt sich auch schon gerne Kompetenzen wegnehmen. Doch welche Argumente dafür oder dagegen sprechen, wird man kaum erfahren. Zum Teil liegt dies daran, dass man so genau nicht weiß, was man sich inhaltlich überhaupt darunter vorstellen soll, um welche Ziele es geht, welche Akteure eine Rolle spielen, wie viele Mittel hier überhaupt verteilt werden. Ein genauerer Blick in dieses Politikfeld lohnt sich also. Und dieser Blick wird aktuell erleichtert durch ein neues „Handbuch für Studium und Praxis", so der Untertitel, das Kurt-Jürgen Maaß im Nomos-Verlag herausgegeben hat (Kultur und Außenpolitik. Baden-Baden 2005). Wem vielleicht anfangs nur die Goethe-Institute eingefallen sind, mit denen dieses Politikfeld in Erscheinung tritt, wird bereits durch einen Blick in das Inhaltsverzeichnis belehrt: Ordentlich getrennt in Nationale und Internationale Akteure wird in der ersten Rubrik die öffentliche Seite vom Bundestag über verschiedenste Ministerien bis zu den Gemeinden zusammen mit Nichtregierungs- und Mittlerorganisationen (neben den Goetheinstituten werden acht weitere Mittlerorganisationen vorgestellt: vom DAAD über das ifa, das Maaß selbst leitet, die GTZ bis zum „Bundesverwaltungsamt, Zentralstelle für das Auslandsschulwesen") aufgeführt. International tauchen die üblichen Verdächtigen auf: UNESCO, Europa-Rat, die EU. Hier stutzt man allerdings ein wenig, denn wichtige internationale Akteure, an denen man sich seit Jahren abarbeitet, fehlen: die Welthandelsorganisation etwa, ohne deren GATS-Abkommen man das meiste der nationalen Bundes-Kulturpolitik schon nicht mehr verstehen kann, oder die OECD mit ihrer PISA-Studie. Doch wieso PISA, dies ist doch Bildungspolitik? Nun ja, Auslandsschulen sind ja schon aufgetaucht. Der Herausgeber selbst spricht in seiner Einleitung von dem „erweiterten Kulturbegriff", der nicht nur dem Handbuch, sondern auch der Auswärtigen Kultur- und Bildungspolitik zugrund liegt. Also gehören PISA und die Bildung dazu. Auch ist die GTZ in der Aufzählung erwähnt, die man zurecht im Ministerium für wirtschaftliche Zusammenarbeit vermutet. Es fällt einem vielleicht auch ein, dass es einen internationalen Jugendaustausch gibt, dass der Verkehrsminister sich mit seinen ausländischen Kollegen über Straßen und Flugrouten verständigt, dass der Kulturstaatsminister mit Russland über Beutekunst verhandelt. Und genau dies ist ein erstes Ergebnis, zu dem bereits ein interessierter Blick in das Inhaltsverzeichnis sowie ein wenig Blättern führt:

Auswärtige Kultur- und Bildungspolitik wird von vielen Akteuren betrieben. Das zunächst als zentral vermutete Auswärtige Amt (AA) ist nur ein Akteur unter vielen. Je nach inhaltlicher Abgrenzung ist es selbst bei freundlichster Rechnung nur für unter 50% des Gesamtetats verantwortlich. Daneben gibt es weitere Ministerien. Wer weiß, dass nach unserem Grundgesetz jeder Fachminister sein Ressort eigenverantwortlich verwaltet und gestaltet, kommt zwangsläufig zu der Frage nach Abstimmungsprozeduren, vielleicht sogar nach einem kohärenten Konzept, das zumindest die unterschiedlichen staatlichen Akteure auf Bundesebene verbindlich eint. Ein solches Konzept („Konzeption 2000") hat zwar die erste Rot-Grüne Koalition recht schnell vorgelegt. Dieses ist jedoch lediglich ein Arbeitskonzept des AA. Es fehlt also eine horizontale Koordinierung schon alleine bei den Aktivitäten derselben Regierung. Vor diesem Hintergrund wundert es nicht, dass ein umfassendes Konzept, das zudem neben staatlichen Akteuren auch nichtstaatliche Akteure einschließlich der auch hier wichtigen Kommunen einbezieht, das die in Kultur- und Bildungsbereich wichtigen Länder und ihre internationalen Aktivitäten erfasst, schon gar nicht existiert. K. S. Schulte (2000) kommt daher in einer der wenigen wissenschaftlichen Monographien zu diesem Thema zu einem kritischen Fazit: Das Feld ist überaus fragmentiert, die Willensbildung langwierig, wenn überhaupt möglich oder gewollt, konzeptionell heterogen und nur eingeschränkt handlungsfähig (S. 111f.). Er sieht quasi auf allen Steuerungsebenen Probleme: in der Ressort-Koordinierung auf Bundesebene, in der Bund-Länder-Koordinierung, in der Koordinierung der Länder untereinander, bei der Koordinierung der Mittler und der Koordinierung vor Ort im Ausland. Und damit wäre die Akteursseite internationaler kultureller Aktivitäten erst ansatzweise erfasst. Denn der bislang erwähnte Bereich erfasst nur das, was überhaupt politisch gestaltet werden könnte. Daneben gibt es den gesamten privaten, privat-gemeinnützigen und gewerblichen Austausch mit der Welt, für den zwar Rahmenbedingungen (ökonomische, rechtliche oder solche, die durch Kulturabkommen ermöglicht werden) geschaffen werden, der sich jedoch weitgehend der unmittelbaren politischen Steuerung entzieht. Vor diesem Hintergrund, dass der gestaltbare Bereich nur einen kleinen Ausschnitt des gesamten Kulturaustauschs ausmacht, verwundert diese Konzeptionslosigkeit doch sehr.

Doch was soll überhaupt geleistet werden: Propaganda, Sympathiewerbung, sachliche Informationen, oder ist auswärtige Kultur- und Bildungspolitik nur ein anderes Wort für Kulturbegegnung und Kulturdialog, wobei die Gegenrichtung ins eigene Land hinein genauso wichtig ist wie die Darstellung nach draußen? Zunächst einmal ist also nach den Zielen und dem Inhalt zu fragen. Durch alle Konzeptpapiere geistert der „weite" oder der „erweiterte Kulturbegriff". Aus der Staatsrechtsdiskussion (etwa um das Staatsziel Kultur, vgl. 4.4) weiß man, dass unterschiedliche Berufsgruppen unter „Kultur" etwas durchaus Verschiedenes verstehen. „Kultur" im weiten Sinne kann etwa einfach eine additive Hinzufügung von Bildung, Religion und Wissenschaft zur Kunst sein, es kann „Kultur als Lebensweise" sein, es kann eine in Hinblick auf Teilhabe bzw. Ausschluss sensible Kulturarbeit sein. Maaß (S. 21) spricht davon, dass zu dem „erweiterten Kulturbegriff" Entwicklung, Krisenprävention, Konfliktbewältigung, Systemtransfer und Systemaufbau, der globale Ausbildungsmarkt, die Internationalisierung und Qualifizierung des deutschen Ausbildungssystems und die Auswirkungen der Globalisierung gehören. Bei dieser Aufzählung kann man nur noch hochbeeindruckt schweigen, denn dies ist ein auch in der nationalen Kultur(politik)debatte bekannter klassischer Fall eines stark entgrenzten Kulturbegriffs, der zwar den Vorteil hat, sehr umfassend zu sein und der kaum eine Lebensäußerung auslässt, der allerdings den Nachteil hat, nicht nur völlig die Kontur verloren zu haben, sondern auch politisch nicht zu bewältigen ist, schon gar nicht durch eine eher marginale Bereichspolitik. Meine These und ein weiterer Ertrag unserer Erkundungsreise ist daher:

Wer von einem solchen „weiten" Kulturbegriff ausgeht, macht ein kohärentes Konzept für ein irgendwie noch abgrenzbares Politikfeld von vornherein unmöglich. Er sorgt zudem für heftige Verwirrung, weil diese Rede vom „erweiterten Kulturbegriff" nur begrenzt kompatibel ist mit Kulturdebatten im Rahmen der (nationalen und internationalen) Kulturpolitik. Offensichtlich ist eine so verstandene auswärtige Kultur- und Bildungspolitik ein Politikfeld eigener Art.

Damit bin ich bei dem eingangs erwähnten Punkt der Zuordnung dieses Feldes angelangt: Was ist denn nun AKP: Kultur- oder Außenpolitik? Für Maaß ist die Sache klar: „Kultur ist ein Fundament der Außenpolitik. Sie wird als Instrument genutzt, um außenpolitische Ziele zu erreichen." (21). Immerhin wäre so einiges zumindest formal geklärt: Die Zuständigkeit des Bundes gemäß Art. 32 GG, die Zuständigkeit innerhalb des Kabinetts, die Zuständigkeit der Regierung (vor dem Parlament) sind unstrittig, da Außenpolitik traditionell eine Domäne der Exekutive ist. Eine Überprüfung dieses Politikfeldes anhand von Theorien der Außenpolitik liegt also nahe. Doch bestätigt sich hier die Bewertung von Maaß nicht: AKP passt nicht in gängige Außenpolitiktheorien (vgl. den Handbuch-Beitrag von Rittberger/Andrei).

Und dies verwundert auch nicht, da jegliche Außenpolitik immer eine klare Interessenspolitik ist. „Mit Hilfe der Außenpolitik setzt die im Nationalstaat organisierte Gesellschaft ihre Interessen gegenüber anderen Staaten ... durch". (Nohlen 1993, S. 29). Eine „dritte Säule" der Außenpolitik soll AKP neben Diplomatie- und Außenwirtschaftspolitik sein. Waren es früher die Vorbereitung lukrativer Wirtschaftbeziehungen, so ist es heute – wie bei der Beschreibung des „erweiterten Kulturbegriffs" gesehen – die Krisen- und Menschenrechtspolitik, für die „Kultur" ein Instrument sein soll. Dieser instrumentelle Charakter von „Kultur" widerspricht jedoch dem üblichen Verständnis von Kultur in der Kulturpolitik, er ist möglicherweise noch nicht einmal verfassungskonform (Art. 5 GG). Damit kann ein weiteres Ergebnis festgehalten werden:

Strukturell und konzeptionell muss „Kultur" mit Außenpolitik zwangsläufig in ein Spannungsverhältnis geraten. Man kann dies sofort erkennen, wenn man sich Prinzipien staatlichen Handelns in der Kulturpolitik ansieht, u.a. Respekt vor der Autonomie von Kunst und Kultur, kulturpolitische Neutralität, Toleranz, Staatsferne, Dominanz bürgerschaftlicher Organisationen. Die Außenpolitik liegt dagegen fest in der Hand der Exekutive, hat klare Interessen zu verfolgen, kann gar nicht anders, als Kultur in diesem Sinne instrumentalisieren zu wollen. Das schließt nicht aus, dass all die vollmundigen Ziele der Konzeption 2000 (Friedenssicherung, Menschenrechte, Darstellung von Deutschland als Kulturstaat etc.)

eine Rolle spielen können. Doch zeigt die Geschichte der Auswärtigen Kulturpolitik, dass die notwendige Offenheit des Kulturellen recht schnell in der Außendarstellung eingeschränkt wird, wenn das schöne Deutschlandbild in Gefahr geraten könnte

Eine besondere Chance, aber auch eine Gefahr bietet sich der AKP durch den cultural turn, den auch die Außenpolitische Theorienbildung in den letzten Jahren erlebt hat. Es geht um eine erheblich vergrößerte Relevanz von Deutungsmustern, Einstellungen und Werthaltungen – also dem, was man in der Politikwissenschaft „politische Kultur" nennt – auch für das Verständnis der Außenpolitik. Es geht dabei um mindestens zwei Aspekte: zum einen um den Einfluss, den diese „politische Kultur" bei der Konstituierung der Außenpolitik spielt. Zum anderen geht es darum, die Politiken anderer Staaten auf der Basis ihrer jeweiligen politischen Kultur zu verstehen. Ein Beispiel: Bei der Suche nach Motiven der US-Regierung, den Irak völkerrechtswidrig mit einem Angriffskrieg zu überziehen, gibt es geopolitische Begründungen, es gibt ökonomische Begründungen (Erdöl), es gibt aber auch Begründungen mit der religiösen Obsession und den Missionierungsbestrebungen des US-Präsidenten. Man wird dabei davon ausgehen müssen, dass jede monokausale Erklärung zu kurz greift. Die Legitimität der Außenpolitik von Bush im eigenen Land hängt auf Dauer davon ab, inwieweit diese in Übereinstimmung mit den Vorstellungen und Einstellungen in der eigenen Bevölkerung ist. Man weiß, dass es hierbei Veränderungen gibt, die in der Regel sehr langsam ablaufen. Offensichtlich scheint sich zurzeit hier die Stimmung zu Ungunsten von Bush zu ändern. Doch heißt das nicht, dass er deshalb sofort seine Politik ändern müsste: Regierungen können durchaus eine Weile gegen die „politische Kultur" im eigenen Lande regieren – oder sie können versuchen, mit Methoden einer offensiven Öffentlichkeitsarbeit diese zu beeinflussen. Man weiß, wie energisch dies die Bush-Administration seit Jahren versucht, – etwa durch Einflussnahme auf Medien, durch verstärkte Geheimdienstoperationen gegen die eigene Bevölkerung etc.

In Deutschland gab es einen Wandel der AKP mit der oben beschriebenen erneuten Erweiterung des Kulturbegriffs zu Beginn der ersten Rot-Grünen Regierung. Man kann davon ausgehen, dass man zum einen mit einem Rückhalt in der Bevölkerung i. S. von

Akzeptanz der Menschenrechte, der Konfliktvermeidung etc. rechnen konnte. Zudem hat man zusätzlich offensiv versucht – man erinnere sich an die gemeinsamen Auftritte des Verteidigungs- und des Außenministers zur Zeit der letzten Kosovo-Krise –, die Menschenrechtsrhetorik zulasten des Völkerrechtsprinzips der nationalen Souveränität in den Vordergrund zu schieben. Zurzeit bahnt sich möglicherweise ein erneuter Paradigmenwechsel an, der die Autonomie von Kunst und Kultur wieder stärker berücksichtigen könnte. Zumindest ging eine Rede des Außenministers vor dem Kulturausschuss des Deutschen Bundestages in diese Richtung. Man wird sehen, wie die anstehende Überarbeitung der Konzeption 2000 ausgehen wird.

Außenpolitik und somit auch AKP sind also zwar fest in der Hand der Exekutive, aber letztlich abhängig von der „außenpolitischen Kultur" in der Gesellschaft (vgl. den Beitrag von H. W. Maull in Korte/Weidenfeld 2001). Und diese wiederum ist durchaus politisch beinfluss- und gestaltbar. Nationale Kulturpolitik kann in diesem Zusammenhang durchaus als Mentalitätspolitik verstanden werden, insofern sie – auf indirekte Weise natürlich – Wertbildungen und Einstellungen beeinflusst. Auf diese Weise entsteht ein enger Zusammenhang zwischen Außenpolitik, AKP und nationaler Kulturpolitik, der allerdings bislang ebenfalls kaum untersucht ist, weil es kaum Wirksamkeitsuntersuchungen in der Kulturpolitik gibt.

Bei aller Vorläufigkeit kann man aus den vorstehenden Überlegungen einige Schlussfolgerungen herleiten:

1. Man sollte die strukturelle Widerständigkeit von Außenpolitik und Kultur(politik) nicht gering schätzen. Denn in nahezu jeder Dimension (Handlungsrationalitäten in Kultur- bzw. Außenpolitik; Ziele; Akteure; Rolle des Staates etc.) gibt es mehr Spannungen als Gemeinsamkeiten.
2. Ein entgrenzter Kulturbegriff macht scheinbar eine entsprechende „Kulturpolitik" passfähig für je aktuelle Paradigmen der Außenpolitik. Doch ist Preis dafür ein Verlust an Vergleichbarkeit mit nationalen Debatten der Kulturpolitik sowie auch an Kontur.

3. Mit der Entgrenzung von „Kultur" in Richtung Kommunikation geht eine Geringschätzung genuin kultureller und kulturpolitischer Möglichkeiten einher.
4. Eine wichtige Spannungsdimension ist die Rolle des Staates, vor allem im Verhältnis zu zivilgesellschaftlichen Organisationen. Kultur ist grundsätzlich staatsfern. Die politisch-staatlich notwendige Steuerung in der Außenpolitik – etwa der Mittlerorganisationen – gerät in ein Spannungsverhältnis zu ihrem formalen Status als „e.V.", der kontrafaktisch eine zivilgesellschaftliche Organisationsform suggeriert.
5. Eine größere Kohärenz der staatlichen Seite der kulturellen Außenbeziehungen ist anzustreben. Das heißt vor allem auch eine Koordinierung innerhalb der Bundesregierung und zwischen Bund und Ländern.
6. Es ist insbesondere genauer zu bestimmen, welche Rolle eine solche staatliche Auswärtige Kultur- und Bildungspolitik im Rahmen aller internationalen (auch privaten und gewerblichen) Kulturkontakte hat.
7. Ohne eine konzeptionelle Klärung dessen, was Deutschland von einer Präsenz im Ausland erwartet, lassen sich Einsparungen bzw. geographische Schwerpunktverlagerungen (etwa der Goethe-Institute) nicht bewerten.
8. Aufgrund der Tatsache, dass sich Auswärtige Kultur- und Bildungspolitik weder problemlos in vorliegende Theorien der Außenpolitik noch in kulturpolitische Theorien einordnen lässt, liegt es nahe, von einer (relativen) Autonomie dieses Feldes auszugehen. Es lohnt sich daher, konzeptionelle oder sogar theoretische Energien zu investieren.

4.6 Die ökonomische Seite der Kultur

Es ist offensichtlich heutzutage nicht mehr verpönt, über den Zusammenhang von Geld und Kunst oder Kultur zu sprechen. Nicht, dass Kunst nicht immer schon mit Geld zu tun hatte. Nur gab es heftige ideologische Barrikaden, die insbesondere Horkheimer/Adorno (1971) in ihrem Jahrhundertbuch zur „Dialektik der Aufklärung" fulminant beschrieben haben. Vor allem war es Adorno, der in seinem Teil dieses Textes seine Emigrationserfahrungen in den marktfreundlichen USA verarbeitet hat. Es war ja nicht nur der entwickelte Kapitalismus, der ihn gestört hat. Es waren auch die Kunstformen, die er so gar nicht als solche anerkennen wollte: Film, Jazz, Musical. Adorno hatte eben als Schüler von Schönberg einen äußerst elaborierten Geschmack, über den er gemäß der Alltagsweisheit nicht gerne streiten, ihn aber durchaus durchgesetzt sehen wollte. Berühmt ist auch das „soziologische Lehrstück", das Bert Brecht aus seiner erheblich reduzierten Mitsprache bei der Verfilmung der Dreigroschenoper gemacht hat. Natürlich ist es so einfach nicht, wenn sich Kunst, die gerade in Deutschland aufgrund der Entwicklung des 19. Jahrhunderts, zu einer „autonomen Kunst" hochstilisiert wurde, mit einer Geldlogik trifft. Zum Marktdenken gehört es eben, Geld verdienen zu wollen, gleichgültig ob es sich dabei um Autos oder Ölsardinen bzw. um Gesundheit, Bildung, Religion oder Kunst handelt. All dies trifft zu, nur neu ist es nicht. Man kann es sich kaum verkneifen, die sarkastische Bemerkung von Oscar Wilde zu zitieren, derzufolge zwei Banker stets über Kunst, zwei Künstler jedoch immer über Geld sprächen. Sie können gar nicht anders, denn die meisten Künstler würden gerne nichts anderes machen als Kunst, bei der sie selbst vorgeben (Autonomie heißt Selbstgesetzgebung. Es sind eben die Künstler, die auf diese Weise autonom sein wollen und nicht „die Kunst"!), was und wie sie produzieren. Vielleicht gab es diesen Wunsch schon immer. Doch fast nie wurde er erfüllt. Denn Kunst war über weite Strecken Auftragskunst. Lange Zeit waren die Kirchen bzw. die Höfe die Auftraggeber. Natürlich ließen diese es sich nicht nehmen, sehr genau zu sagen, was sie wie gestaltet haben wollten. Die Kunstgeschichte ist voll von Berichten über Werke, die die Auftraggeber nicht akzeptierten (und dann auch nicht bezahlten). Künstler hatten – bis zu den ganz großen Namen wie Mozart – auch selten Probleme, den Fürsten als Mitkomponisten oder Mitdichter zu akzeptieren. „Autonomie" war zwar eine schöne Idee, die die Kunst brauchte, um das Ästhetische von dem Erkennen und dem Moralischen abzusetzen. Aber es war zunächst eine philosophische Idee, die – wie oben angedeutet – sehr starke handlungsbezogene Aspekte, also eine gewisse Nähe zur Moralphilosophie hatte. Das Handeln nach selbstgesetzten Regeln: Man muss schon sehr eigenartige Vorstellungen von dem „Ding" Kunst haben, um ihr einen solchen Wunsch zu unterstellen. Bei Schiller bekam das autonome künstlerische (rezeptive und produktive) Handeln eine politische Note: Lust an der Freiheit sollte in dem zunächst abgeschotteten Bereich der Künste und der Ästhetik in einer Weise entstehen, dass man auch den Wunsch nach Freiheit in der politischen Gestaltung der Gesellschaft verspürt. Aus dieser demokratischen Idee wurde – wie oben erwähnt – allerdings nicht der Reformprozess, den sich der Freiheitsdichter vorgestellt hat. Es wurde vielmehr ein ausgeweiteter Kunstbetrieb installiert, der sehr stark mit der Entwicklung einer eigenen Identität seiner Trägergruppe zu tun hatte: dem deutschen Bürgertum. Nicht Freiheit für alle war das Motto, sondern Selbststilisierung einer besonderen Klasse.

Eine zweite Erinnerung ist notwendig. Der Philosoph Alexander Gottlieb Baumgarten war es, der wegen zweier großer Leistungen in der ersten Hälfte des 18. Jahrhunderts berühmt wurde. Die erste Leistung kennt heute jeder: Er hat die sinnliche Erkenntnis (aisthesis) gegenüber dem dominanten Rationalismus rehabilitieren wollen und so „Ästhetik" als neue philosophische Disziplin geschaffen. Dabei hat er bislang eher getrennt voneinander verlaufende Diskurse zusammengeführt: Das Nachdenken über Schönheit und die Reflexion über die Sinne. Seine zweite große Leistung war die Entwicklung eines einheitlichen Kunstbegriffs. Denn niemand wäre vorher auf die Idee gekommen, im Theaterspiel, im Malen und Bildhauen, im Komponieren oder Musizieren und im Schreiben von Romanen, Gedichten oder Theaterstücken eine einheitliche Tätigkeit, nämlich „Kunst" zu sehen. Jede der genannten Praxisformen hat nämlich eine eigene Geschichte. Man erinnere sich an die Werkstätten der großen holländischen Maler: Es waren eher manufakturmäßig organisierte Handwerksbetriebe, deren arbeitsteiliges Vorgehen (wer kann gut Hände malen, wer ist gut bei Wolken etc.) es heute so schwer macht, „Originale" zu identifizieren, die eindeutig einem einzigen Schöpfer zugeordnet werden können. Auch diese Idee eines einzigen Schöpfers musste erst an Relevanz gewinnen. Dazu war es notwendig, dass die Idee eines selbst verantwortlichen Individuums eine verbreitete Vorstellung wurde. Dies schreibt man jedoch erst der Renaissance zu

(Fuchs 2001). Theatermenschen wurden bis ins 19. Jahrhundert hinein noch vor den Stadtmauern verscharrt. Die Rede von „Kunst" und von „Künstlern" in einem quasi religiösen Tonfall – auch dies ist eine Entwicklung des 19. Jahrhunderts. Sie ist eng verbunden mit der oben dargestellten Entwicklung eines Kunstbetriebes. Denn der Künstler verkörpert in den Augen des Bürgers zum einen auf radikale Weise die Individualität, die er sich gerne selbst zugeschrieben hätte. Der Bürger hatte aber auch die Vorstellung, dass sich diese Individualität in unbegrenzter Freiheit („Libertinage") auslebt: Kunst war auch immer die anrüchige Bohème, in der die strengen Regeln bürgerlichen Zusammenlebens außer Kraft gesetzt waren. Kunst wurde in dieser Zeit in der Tat befreit von der Kontrolle von Kirche und Adel. Sie wurde aber gleichzeitig dem anonymen Markt überantwortet, wo man bei den entstehenden Kunstwerken nicht mehr wusste, wessen Geschmack zu treffen oder gezielt zu verfehlen war. Kunst und Geld: Man sieht, es ist einiges an ideologischen Schichten abzutragen, um den Blick auf dieses schwierige Verhältnis etwas klarer zu machen. Man lese etwa zur Entspannung einfach mal den Briefwechsel zwischen Schiller und Goethe. Sehr schnell stellt man fest, dass sich ein Drittel der Texte auf ästhetische Grundsatzfragen – am Beispiel eigener Projekte – bezieht, ein weiteres Drittel darf man salopp als „Tratsch" über Zeitgenossen bezeichnen. Das letzte Drittel der Briefe befasst sich mit Geld, meist mit solchem Geld, das Schiller fehlte. Aus diesem Grund entwickelte dieser ständig Projekte (Zeitschriften, Stücke, Bücher etc.), bei denen er Goethe zur Mitarbeit bewegen wollte und von denen er sich Erträge versprach, die seine ständig desolate Finanzsituation verbessern sollten. Auch Lessing hätte gerne in Hamburg ein Theater aufgebaut, bei dem er nicht ständig hätte betteln gehen müssen. Bekanntlich ist er mit seiner Idee eines ästhetisch anspruchsvollen Theaters gescheitert weil dieses kein Publikum gefunden hatte. Der Theaterleiter Goethe, in Personalunion zugleich wichtigster Minister seines Fürsten, hat es erst gar nicht versucht. Seine Spielpläne sind bekannt: Die anspruchsvollen Autoren – etwa er selbst – finden sich kaum. Dafür vieles, das dem Publikumsgeschmack entgegenkam. Geld und Kunst – es war immer schon ein unvermeidliches Thema.

Machen wir einen Sprung in die Gegenwart. Wenn überhaupt kulturpolitische Fragen in den Feuilletons von Zeitungen aufgegriffen werden, sind es meist solche, die mit Geld zu tun haben. Kulturförderung ist auf kommunaler Ebene wie oben ausgeführt die zentrale kulturpolitische Aufgabe. Der Bund, so wurde gesagt, hat es dagegen mehr mit Rahmenbedingungen zu tun. Greifen wir einmal einen Jahresrückblick (zu 2006) des Deutschen Kulturrates zur Bundeskulturpolitik heraus (Presseerklärung vom 28.12.2006). Welche Themen werden für das ablaufende Jahr angesprochen?

⇨ Die Föderalismusreform, bei der der Bund zugunsten der Länder ordentlich hat Federn lassen müssen. Auch hierbei geht es um Geld: nämlich um die Berechtigung der Bundeskulturförderung gemäß Art. 104b GG.
⇨ Der geplante Verkauf von Kunstwerken oder wichtiger Handschriften seitens einer Kommune oder eines Landes zur Sanierung der Haushalte; eben: Geld!
⇨ Das Urheberrecht: Geld!
⇨ Die von einem Beirat des Finanzministeriums in die Debatte eingebrachte Reform des Gemeinnützigkeitsrechtes, bei dem in Zukunft viele Kulturträger steuerpflichtig geworden wären: Geld!
⇨ Eine Novellierung des Künstlersozialversicherungsgesetzes. Dabei muss man sich an die zentralen Aufgaben der Künstlersozialkasse erinnern: eine preiswerte Krankenversicherung und eine kleine Form von Alterssicherung, also: Geld.
⇨ Die Debatte um das Staatsziel Kultur. Dahinter steckt die Motivation, die Debatten über öffentliche Kulturförderung auf allen Ebenen zu erleichtern, also letztlich: Geld.
⇨ Und schließlich das Ringen um den Haushaltsansatz für Auswärtige Kultur- und Bildungspolitik: also Geld.

Immer wieder geht es natürlich in der Politik um Geld. Das hat damit zu tun, dass sich die Kulturpolitik aus den Inhalten der Kulturproduktion heraushalten muss. Dies gilt für den engen Kulturbegriff: Politiker sollten nicht versuchen, Form und Inhalt von Kunstwerken vorzuschreiben. Das gilt erst recht für den weiten Kulturbegriff (Kultur = Lebensweise). Denn noch weniger wollen wir Politiker, die den Menschen ihre Art zu leben vorschreiben wollen. Daher ist es auch nicht denunzierend, wenn dieser Geldaspekt direkt (Förderung) oder indirekt (Rahmenbedingungen) im Vordergrund der Politik steht: Für Inhalte hat sie nur sehr begrenzt ein Mandat. Nur selten spielen diese daher eine Rolle: Etwa bei der Debatte um ein Holocaust-Denkmal oder darüber, ob problematische Operninszenierungen hätten abgesetzt werden sollen oder nicht. Aber letztlich geht es auch bei diesen Debatten weniger um eine immanente (gelungene oder misslungene) Ästhetik, sondern es geht um politische Grundsatzfragen: die Rolle des Gedenkens generell oder um das Verhältnis der grundgesetzlich zugesicherten Kunstfreiheit zur Frage der Menschenwürde. Dies ist daher die Gratwanderung einer verantwortungsvollen Kulturpolitik: die Konzentration auf Rahmenbedingungen auf der einen Seite, die ihr öfter – auch bei Künstlern – den Ruf eines technokratischen Geschäfts einträgt, das nichts mit „Kunst" zu tun habe, und das auch sachkundige Sicheinlassen auf künstlerische Inhalte, das aber den in der Politik notwendigerweise praktizierten Macht-Diskurs nicht auf ästhetische Fragen überträgt. Der Kulturpolitiker, so scheint es, kann in dieser prekären Situation offensichtlich nur Fehler machen.

Ein zweites Themenspektrum der Beziehung von Kunst/Kultur und Geld ergibt sich rund um das Feld, das man Kulturwirtschaft, zunehmend aber auch „creative industries" nennt. Dabei sind die Übergänge zu dem öffentlich geförderten Kulturbereich durchaus fließend, zumal man auch hier in den letzten Jahren zunehmend privatwirtschaftliche Rechtsformen (z. B. GmbH) eingeführt hat. Dass – je nach Abgrenzung – ca. 800.000 bis 1 Mio. Menschen im Kulturbereich arbeiten, macht ihn als Arbeitsmarkt relevant. Diese große Zahl – man vergleicht sie oft von der Größenordnung her mit der Automobil- oder Nahrungsmittelindustrie – wird verständlich, wenn man an einige Zahlen erinnert (Lissek-Schütz 2006): 6000 Museen mit 100 Mio. Besuchern jährlich, mehr als 130 professionelle Sinfonie- und Kammerorchester, 150 Theater mit 720 Spielstätten, 200 Privattheater, über 10.000 öffentliche Bibliotheken. Dazu kommen ca. 1000 Musikschulen, einige hundert Jugendkunstschulen sowie eine Riesenzahl freier Träger im Bereich der Jugendkultur-, Senioren- oder Migrantenkulturarbeit. Nach wie vor funktioniert dieses System überwiegend mit öffentlichen Zuwendungen (ca. 8 Mrd. € im Jahr; 10% Bund, der Rest verteilt sich gleichmäßig auf Länder und Kommunen). Die Kirchen sind mit einigen Mrd. Kulturförderung erst kürzlich (Politik und Kultur, Heft 5/2006) als bedeutende Kulturförderer bewusst geworden.

Seit Anfang der 90er Jahre wird immer wieder die private Kulturförderung (Mäzenatentum, Sponsoring etc.) ins Spiel gebracht. Nach etwa 15 Jahren vehementester Rhetorik wird man – zumindest als Zwischenbilanz – eingestehen müssen, dass dieser private Anteil nicht aus dem einstelligen Prozentbereich herauskommt. Man nimmt gerne private Gelder, auch in Zusammenarbeit mit Unternehmen, doch glaubt keiner, dass dies eine ernsthafte Alternative zur öffentlichen Kulturförderung sein kann, wenn man den bisherigen Entwicklungsstand des Kultursystems aufrechterhalten will. Das ändert allerdings nichts daran, dass es einen ständigen Reformbedarf – gerade im Hinblick auf die Finanzierung – gibt. Ellen Lissek-Schütz (2006) listet in ihrem Überblicksartikel die folgenden zehn Problemfelder auf, die alle auf irgendeine Weise auch die ökonomische Seite von Kultur betreffen:

„Die Umstrukturierung der öffentlichen Kulturinstitutionen durch Privatisierung, Outsourcing, Fusionen sowie eine generelle Verwaltungsreform im Kontext von internationalen Ansätzen zum „New Public Management".
Die Erschließung neuer Wege der Kulturfinanzierung durch Fundraising, Sponsoring, Public Private Paternships und durch bürgerschaftliches Engagement.
Die Entwicklung von integrierten Konzepten zur Kulturpolitik und Wirtschaftspolitik angesichts einer zunehmenden Verflechtung der Nonprofit- und Profit-Kultursektoren.
Eine größere Eigenwirtschaftlichkeit der öffentlich geförderten Kultureinrichtungen und die Gewinnung neuer Zielgruppen durch Kundenorientierung und Marketing.
Das Spannungsfeld zwischen einer wachsenden Event-Kultur und der so genannten „Kulturellen Grundversorgung" durch nachhaltige Kultur- und Bildungsangebote.

> Der zunehmende Legitimationsdruck und die fortschreitende Ökonomisierung des öffentlichen Kulturbetriebs.
> Die Entwicklung von neuen Konzepten und Angeboten zur Kunsterziehung und kulturellen Bildung von Kindern und Jugendlichen (edukative Kulturprogramme).
> Die neuen Anforderungen an die interkulturelle Verständigung durch eine wachsende Zahl von Bevölkerungsgruppen aus anderen Kulturen.
> Und schließlich zwei, die vorgenannten Entwicklungslinien umfassende, grundsätzliche Herausforderungen
> Ein gesellschaftlicher und kultureller Wandel (Stichworte: Demographie, verändertes Freizeitverhalten).
> Die Grenzen des Wohlfahrtsstaates und, damit verbunden, eine Neuorientierung bei der Aufgabenverteilung zwischen Staat und Markt, zwischen Staat und Gesellschaft."

Fast ein Glücksversprechen verbindet sich mit dem Thema „Kulturwirtschaft". Viele Städte oder Länder, auch Rundfunkanstalten wie der WDR und natürlich auch die Europäische Union sind stark an der Verbindung von Kultur und Wirtschaft interessiert. Immer schon spielte dies etwa rund um das Thema „Kulturtourismus" eine Rolle. International ist man bei dieser Frage, vor allem bei Entwicklungsländern, völlig ohne Berührungsängste. Denn oft werden kulturelle Traditionen und ihre Vermarktung im Rahmen des Tourismus als eine wichtige, gelegentlich die einzige Basis für die nationale Volkswirtschaft gesehen. Es ist daran zu erinnern, dass die Konvention zur kulturellen Vielfalt als wichtige Motivation die Erhaltung kleiner nationaler kulturwirtschaftlicher Betriebe und die Stützung der Kulturwirtschaft von Entwicklungsländern hatte. In einer jüngeren Ausgabe der Zeitschrift APuZ (Aus Politik und Zeitgeschichte, Beilage zur Wochenzeitung „Das Parlament"; Heft 34-35/2006, 21.8.2006) steht daher das Thema „Kulturwirtschaft im Mittelpunkt. In Richtung „Glücksversprechen" geht das einleitende Essay von K.-H. Kunzmann, der die klassische Legitimationstopoi (Kultur als Standort- und Wirtschaftsfaktor, als Imagebildung und als Arbeitsmarkt) mit einigen neuen strategischen Überlegungen vor allem für eine kommunale integrierte Wirtschafts- und Kulturpolitik verbindet, u. a.:

⇨ kulturwirtschaftliche Potentiale in der Stadt erkunden,
⇨ Wettbewerber beobachten,
⇨ Netzwerke bilden,
⇨ Erfolgsgeschichten vertreten,
⇨ Kulturwirtschaft in Städte-Leitbilder integrieren.

Andreas Wiesand beschreibt in seinem Beitrag im selben Heft die Kulturwirtschaft als denjenigen Bereich, in dem die Erfordernisse einer globalisierten Wirtschaft schon weitgehend erfüllt sind: große wirtschaftliche Dynamik, flexible Arbeitsverhältnisse, kleine Betriebe, grenzüberschreitende Tätigkeit, Offenheit gegenüber neuen Akteuren und Entwicklungen. Das folgende Schaubild beschreibt die Struktur dieses „Kreativsektors (a.a.O., S. 16).

Abbildung 11: Der „Kreativsektor"

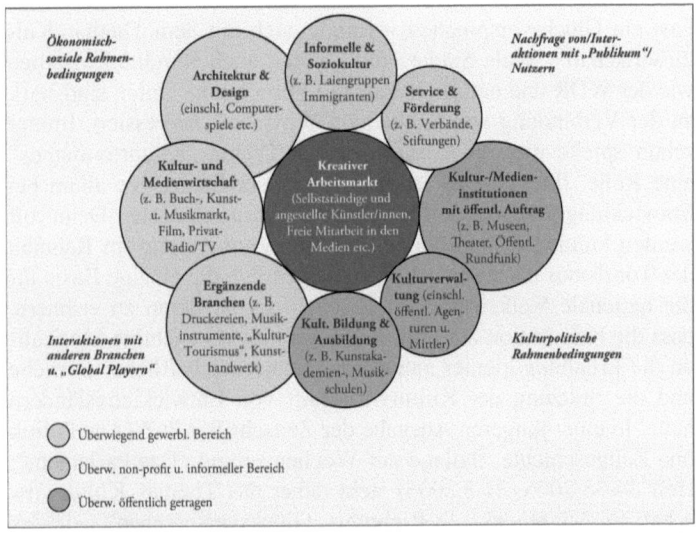

Quelle: Andreas Joh. Wiesand in Zusammenarbeit mit Michael Söndermann: The „Creative Sector" – An Engine for Diversity, Growth and Jobs in Europe (2005). Entwickelt nach Modellen aus: Unesco-Konferenz „The International Creative Sector" (Austin, 2003); NRW-Kulturwirtschaftsberichte (1992-2006); Kulturwirtschaft Schweiz, Zürich 2003 u. a.

Als ein gutes Beispiel dafür, wie Kultur-, Wirtschafts-, Image- und Standortpolitik zusammengreifen, kann die Wahl zur Kulturhauptstadt Europas dienen. Alle können – quasi als unmittelbar zugängliche Empirie – sich bis 2010 und darüber hinaus ansehen, wie Essen und das Ruhrgebiet diese Chance nutzen werden.

Literaturverzeichnis

Belfiore, E./Bennett, O.: Rethinking the Social Impact of the Arts: a critical-historical review. Centre for Cultural Political Studies. Warwick: 2006.
Beyme, K. v.: Theorie der Politik im 20. Jahrhundert. Von der Moderne zur Postmoderne. Frankfurt/M.: Suhrkamp 1991.
Beyme, K. v.: Die Kunst der Macht und die Gegenmacht der Kunst – Studien zum Spannungsverhältnis von Kunst und Politik. Frankfurt/M.: Suhrkamp 1998.
Bourdieu, P.: Die feinen Unterschiede. Kritik der gesellschaftlichen Urteilskraft. Frankfurt/M.: Suhrkamp 1987.
Brodocz, A./Schaal, G.S. (Hg.): Politische Theorien der Gegenwart. 2 Bde. Opladen: Leske + Budrich/UTB 2001/2002.
Bundeszentrale für politische Bildung: Menschenrechte. Dokumente und Deklarationen. Bonn 2004.
Bussmann, W. (Hg.): Einführung in die Politikevaluation. Basel: Helbing + Lichtenhahn 1997.
Cassirer, E.: Versuch über den Menschen. Einführung in eine Philosophie der Kultur. Frankfurt/M.: Fischer 1990 (Original: 1944).
Dahrendorf, R.: Gesellschaft und Demokratie in Deutschland. München: dtv 1971.
Deutsche UNESCO-Kommission (Hg.): Kultur und Entwicklung. Zur Umsetzung des Stockholmer Aktionsplans. Bonn: DUK 1998.
Deutsche UNESCO-Kommission (Hg.): Übereinkommen über Schutz und Förderung der Vielfalt kultureller Ausdrucksformen. Bonn 2006.
DGVN/UNDP (ed.): Bericht über die menschliche Entwicklung 2004 – kulturelle Freiheit in unserer Welt der Vielfalt. Berlin 2004.
Eagleton, T.: Ästhetik. Die Geschichte ihrer Ideologie. Stuttgart/Weimar: Metzler 1994.
Eagleton, T.: Was ist Kultur? München: Beck 2001.
Ebert, R./Gnad, F./Kunzmann (Hg.): Partnerschaften für die Kultur: Chancen und Gefahren für die Stadt. Dortmunder Beiträge zur Raumplanung 57. Dortmund 1992.
ERICarts: Mapping approaches to Cultural Diversity in Cultural Policy Making in Europe. A Background Report to UNESCO. Bonn 2006.
European Commission/University of Northumbria, Newcastle upon Tyne (ed.): Report of a thematic study using transnational comparisons to analyse and identify cultural policies and programmes that contribute to preventing and reducing poverty and social exclusion. Brüssel 2004.
Fabio, U. di: Die Kultur der Freiheit. München: Beck 2005.

Fend, H.: Sozialgeschichte des Aufwachsens. Bedingungen des Aufwachsens und Jugendgestalten im zwanzigsten Jahrhundert. Frankfurt/M.: Suhrkamp 1988.
Fraser, N./Honneth, A.: Umverteilung oder Anerkennung? Eine politisch-philosophische Kontroverse. Frankfurt/M.: Suhrkamp 2003.
Frevel, B.: Politik und Gesellschaft. Baden-Baden: Nomos 1998.
Fuchs, M./Liebald, Chr. (Hg.): Wozu Kulturarbeit? Wirkungen von Kunst und Kulturpolitik und ihre Evaluierung. Schriftenreihe der Bundesvereinigung Kulturelle Jugendbildung. Remscheid: BKJ 1995.
Fuchs, M.: Kulturpolitik als gesellschaftliche Aufgabe. Eine Einführung in Theorie, Geschichte, Praxis. Opladen/Wiesbaden: Westdeutscher Verlag 1998.
Fuchs, M.: Kultur Macht Politik. Studien zur Bildung und Kultur der Moderne. Remscheid: BKJ 1998.
Fuchs, M.: Mensch und Kultur. Anthropologische Grundlagen von Kulturarbeit und Kulturpolitik. Wiesbaden: Westdeutscher Verlag 1999.
Fuchs, M.: Persönlichkeit und Subjektivität. Historische und systematische Studien zu ihrer Genese. Leverkusen: Leske + Budrich 2001.
Fuchs, M.: Kultur als Daseinsvorsorge? In: Politik und Kultur Nr. 01/04, Januar/Februar 2004, S. 3f.
Fuchs, M./Schulz, G./Zimmermann, O.: Kulturelle Bildung in der Bildungsreformdiskussion – Konzeption Kulturelle Bildung III. Regensburg: Conbrio 2005.
Fuchs, M.: Aufbaukurs Kulturpädagogik. Vier Bände: Band 1: Kultur, Kulturpolitik und kulturelle Bildung – global. Band 2: Kunsttheorie und Ästhetik für die Praxis. Band 3: Kulturelle Bildung und die Bildungsreform. Band 4: Zeitdiagnose als kulturelle Aufgabe. Remscheid RAT digital 2005.
Fuchs, M.: Kulturpädagogik und Schule im gesellschaftlichen Wandel. Remscheid: Remscheider Arbeitshilfen und Texte 2005. Als Download unter www.akademieremscheid.de.
Fuchs, M.: Religion als Kultur. Remscheid 2006. Als Download auf der Homepage der Akademie Remscheid (www.akademieremscheid.de) Publikationen (letzter Zugriff: 31.01.2007).
Fuchs, M.: Zu den kulturellen Grundlagen der Gesellschaft. Remscheid 2006. Als Download auf der Homepage der Akademie Remscheid (www.akademieremscheid.de) Publikationen. (letzter Zugriff: 31.01. 2007).
Fuchs, M.: Kultur macht Sinn. Manuskript 2007.
Geis, M.-E.: Kulturstaat und kulturelle Freiheit. Eine Untersuchung des Kulturstaatskonzepts von Ernst Rudolf Huber aus verfassungsrechtlicher Sicht. Baden-Baden: Nomos 1990.

Gethmann-Siefert, A.: Einführung in die Ästhetik. München: Fink 1995.
Glaser, H./Stahl, K.-H.: Bürgerrecht Kultur. Frankfurt/M. usw.: Ullstein 1983. Neuausgabe von "Die Wiedergewinnung des Ästhetischen". 1974.
Göschel, A.: Die Ungleichzeitigkeit in der Kultur. Wandel des Kulturbegriffs in vier Generationen, Stuttgart usw.: Kohlhammer 1991.
GTZ/DEZA (Hg.): M. Schönhuth: Glossar Kultur und Entwicklung. Trier 2005.
Häberle, P: Verfassungslehre als Kulturwissenschaft. Berlin: Duncker + Humblot 1998.
Habermas, J.: Kleine politische Schriften: Der gespaltene Westen. Frankfurt/M.: Suhrkamp 2004
Hoffmann, H.: Kultur für alle. Frankfurt/M.: S. Fischer 1979.
Horkheimer, M./Adorno, Th.: Dialektik der Aufklärung. Frankfurt/M.: Fischer 1971 (zuerst 1944).
Huntington, S. P.: Der Kampf der Kulturen (The Clash of the Civilizations). Die Neugestaltung der Weltpolitik im 21. Jahrhundert. München/Wien: Europaverlag 1996.
Institut für Kulturpolitik der Kulturpolitischen Gesellschaft: Jahrbuch für Kulturpolitik. Bürgerschaftliches Engagement (2000), Kulturföderalismus (2001), Interkultur (2002/2003), Theaterdebatte (2004), Kulturpublikum (2005), Diskurs Kulturpolitik (2006). Essen: Klartext.
Joas, H./Wiegand, K. (Hg.): Die kulturellen Werte Europas. Frankfurt/M.: Fischer 2005.
Klein, A.: Kulturpolitik – eine Einführung. Wiesbaden 2005.
Kneer, G./Nassehi, A./Schroer, M. (Hg.): Soziologische Gesellschaftsbegriffe. Konzepte moderner Zeitdiagnosen. München: Fink/UTB 1997.
Korte, K.-R./Weidenfeld, W. (Hg.): Deutschland-TrendBuch. Fakten und Orientierungen. Bonn: BpB 2001.
Kulturpolitische Mitteilungen, Zeitschrift für Kulturpolitik der Kulturpolitischen Gesellschaft; verschiedene Ausgaben.
Lepenies, W.: Kultur und Politik. München: Hanser 2006.
Lessenich, St. (Hg.): Wohlfahrtsstaatliche Grundbegriffe. Historische und aktuelle Diskurse. Frankfurt/M.: Campus 2003.
Lissek-Schütz, E.:Kulturpolitik in Deutschland seit der Wiedervereinigung. Bilanz und Perspektiven. In Loock, F./Scheytt, O.(Hg.): Kulturmanagement und Kulturpolitik. Ein Handbuch. Berlin: Dr. Josef Raabe Verlag 2006.
Maaß, K.-J. (Hg.): Kultur und Außenpolitik. Baden-Baden: Nomos 2005.
Mann, M.: Geschichte der Macht. 2 Bde. Frankfurt/M.: Campus 1994.
Matarasso, F.: Use or Ornament. The Social Impact of Participation. Stroud: Comedia 1997.

Mattelart, A.: Kultur und Globalisierung. Marktmacht gegen Vielfalt. Zürich: Rotpunkt 2006.
Meyer, Th.: Identitätspolitik. Vom Missbrauch kultureller Unterschiede. Frankfurt/M.: Suhrkampt 2002.
Meyer, Th.: Was ist Politik? Opladen: Leske + Budrich 2000.
Müller, A.: Die Reformlüge. 40 Denkfehler, Mythen, Legenden, mit denen Politik und Wirtschaft Deutschland ruinieren. München: Droemer 2004.
Nipperdey, Th.: Deutsche Geschichte 1800-1918. 3 Bände. München: Beck 1998.
Nohlen, D. (Hg.): Wörterbuch Staat und Politik. München/Zürich: Piper 1993.
Nullmeier, F.: Politische Theorie des Sozialstaates. Frankfurt/M./N.Y.: Campus 2000.
Nünning, A./Nünning, V. (Hg.): Konzepte der Kulturwissenschaften. Stuttgart/Weimar: Metzler 2003.
Oppermann, T.: Kulturverwaltungsrecht. Tübingen: Mohr 1969.
Plessner, H.: Die verspätete Nation. Frankfurt/M.: Suhrkamp 1974.
Plessner, H.: Die Frage nach der Conditio humana. Frankfurt/M.: Suhrkamp 1976.
Reckwitz, A.: Die Transformation der Kulturtheorien. Zur Entwicklung eines Theorieprogramms. Weilerswist: Velbrück 2000.
Reinhard, W.: Geschichte der Staatsgewalt. München: Beck 1999.
Röbke, Th. (Hg.): Zwanzig Jahre Neue Kulturpolitik. Erklärungen und Dokumente. Essen: Klartext 1993.
Schnell, R. (Hg.): Metzler Lexikon Kultur der Gegenwart. Stuttgart: Metzler 2000.
Schubert, K.: Politikfeldanalyse. Opladen: Leske + Budrich 1991.
Schulte, K.S.: Auswärtige Kulturpolitik im politischen System der Bundesrepublik Deutschland. Berlin: VWF 2000.
Schulze, G.: Die Erlebnisgesellschaft. Kultursoziologie der Gegenwart. Frankfurt/M.: Campus 1992.
Schulze, G.: Die beste aller Welten. München/Wien: Hanser 2003.
Schwencke, O. (Hg.): Das Europa der Kulturen – Kulturpolitik in Europa. Essen: Klartext 2006.
Sievers, N./ Wagner, B.: Deutschland. In: Concil of Europe/ERICarts (eds.): Cultural Policy in Europe: a compendium of basic facts and trends. Strassbourg 2002 (auch per Internet zugänglich).
Smiers, J.: Arts under Pressure. ZED 2003.
Steiner, U./Grimm, D.: Kulturauftrag im Staatlichen Gemeinwesen. VVDSfRL 42. Berlin – New York: de Gruyter 1984.

UNESCO (Ed.): World Culture Report 1998: Culture, Creativity and Markets. Paris 1998.
UNESCO (Ed.): World Culture Report 2000. Diversity, Conflict and Pluralism. Paris: UNESCO 2000.
Weber, M.: Gesammelte Aufsätze. 7 Bände. Tübingen: Mohr (UTB) 1988ff.
Zimmermann, O./Schulz, G.: Handbuch Kulturverwaltung 2001/2002. Bonn/Berlin 2000.
Zimmermann, O./Schulz, G.: Im Labyrinth der Kulturzuständigkeit. Ein Handbuch. Berlin: Deutscher Kulturrat 2005.

Kommentiertes Literaturverzeichnis

1. Grundlagen

Cassirer, E.: Versuch über den Menschen. Einführung in eine Philosophie der Kultur. Frankfurt/M.: Fischer 1990 (Original: 1944).
Plessner, H.: Die Frage nach der Conditio humana. Frankfurt/M.: Suhrkamp 1976.
Fuchs, M.: Mensch und Kultur. Anthropologische Grundlagen von Kulturarbeit und Kulturpolitik. Wiesbaden: Westdeutscher Verlag 1999.

Die beiden Bücher von Cassirer und Plessner gehören zu den Klassikern der Anthropologie und Kulturphilosophie. Sie sind nicht veraltet, obwohl die Grundideen bereits in den 20er Jahren des letzten Jahrhunderts entwickelt wurden. Beide Bücher haben zudem den Vorteil, sehr verständlich geschrieben und verhältnismäßig kurz zu sein. Das Buch von Fuchs ist ein Streifzug durch relevante Theorien und Ansätze für den praktischen Gebrauch.

2. Politik und Kultur

Eagleton, T.: Was ist Kultur? München: Beck 2001.
Meyer, Th.: Was ist Politik? Opladen: Leske + Budrich 2000.
Die Reihe „Elemente".
Fuchs, M.: Kultur macht Sinn. Wiesbaden 2007 (i.V.).

Eagleton ist ein seit Jahren in dem Feld der Literatur- und Kulturwissenschaften publizierender Autor. Er hat sich mit neueren Ansätzen aus Frankreich und den USA auseinandergesetzt und eine hochinteressante, kulturpolitisch sehr brauchbare Geschichte der Ästhetik geschrieben. Meyers Buch ist geradezu für den Zweck einer soliden Grundinformation geschrieben. Das Buch von Fuchs sichtet unterschiedliche Kulturbegriffe, so wie sie in den für die Kulturpolitik relevanten Disziplinen (Philosophie, Soziologie, aber auch Staatsrecht) entwickelt worden sind.

3. Einführungen in die Kulturpolitik

Klein, A.: Kulturpolitik – eine Einführung. Wiesbaden 2005.
Fuchs, M.: Kulturpolitik als gesellschaftliche Aufgabe. Eine Einführung in Theorie, Geschichte, Praxis. Opladen/Wiesbaden: Westdeutscher Verlag 1998.

Das Buch von Klein ist eine anerkannte und solide Einführung in die Kulturpolitik. Das Buch von Fuchs ist zwar vergriffen (aber in den meisten Universitätsbibliotheken erhältlich). Es ist erheblich dicker als das Buch von Klein und versucht eine systematische Grundlegung von Kulturpolitik als Wissenschaft.

4. Internationale Aspekte

Schwencke, O. (Hg.): Das Europa der Kulturen – Kulturpolitik in Europa. Essen: Klartext 2006.
Maaß, K.-J. (Hg.): Kultur und Außenpolitik. Baden-Baden: Nomos 2005.

Das erst genannte Buch ist die derzeit beste Textsammlung über internationale kulturpolitische Fragen. Es enthält die wichtigsten Dokumente von EU, UNESCO, Europa-Rat etc. Außerdem führt der Herausgeber sachkundig in die jeweilige Themenstellung ein. Das Handbuch von Maaß ist das einzige Buch dieser Art, in dem systematisch alle möglichen Fragen der Auswärtigen Kultur- und Bildungspolitik von hervorragenden Kennern bearbeitet werden.

5. Zeitschriften, Zeitungen und Verbände

Kulturpolitische Mitteilungen, Zeitschrift der Kulturpolitischen Gesellschaft
Politik und Kultur, Zeitung des Deutschen Kulturrates

Der Deutsche Kulturrat ist der Spitzenverband der Bundes-Künstler- und Kulturverbände. Mehr als 200 Bundeskulturorganisationen aus allen Sparten und Feldern sind zusammengeschlossen. Es sind dabei nicht nur Teile der Kulturwirtschaft erfasst, sondern im Kulturbereich auch die Produzenten und „Verwerter". Die zweimonatlich erscheinende Zeitung „Politik und Kultur" ist zumindest ein Muss für alle, die sich auf Bundesebene für Kulturpolitik interessieren.

Die Kulturpolitische Gesellschaft ist seit mehr als drei Jahrzehnten das wichtigste Sprachrohr einer Kulturpolitik als Gesellschaftspolitik. Sie hat mehr als 1000 Einzelmitglieder. Die Zeitschrift „Kulturpolitische Mitteilungen" war über viele Jahre die einzige übergreifende kulturpolitische Zeitschrift.

Neben den beiden genannten Publikationen haben viele Fachorganisationen z T. sehr gut gemachte Zeitschriften, die trotz ihres verbandlichen Kontextes solide Informationen liefern (z. B. Die Deutsche Bühne, Deutscher Bühnenverein; Kunst und Kultur, BBK etc.)

6. Handbücher und Jahrbücher

Loock, F./Scheytt, O. (Hg.): Kulturmanagement und Kulturpolitik. (Loseblattsammlung) Berlin: Dr. Josef Raabe-Verlag 2006f.
Jahrbuch für Kulturpolitik, hg. vom Institut für Kulturpolitik der Kulturpolitischen gesellschaft, seit 2001.

Das erstgenannte Werk ist die Fortführung des seit Jahren gut eingeführten Raabe-Handbuchs zum Kulturmanagement, das auch viele Artikel zur Kulturpolitik enthält. Insbesondere finden sich alltagstaugliche praxisbezogene Artikel zu allen Fragen einer praktischen Kulturarbeit.

Das Jahrbuch Kulturpolitik der Kulturpolitischen Gesellschaft und ihres Instituts für Kulturpolitik gibt jedes Jahr zu einem anderen thematischen Schwerpunkt einen umfassenden Überblick.

7. Internetadressen

www.kulturrat.de
Deutscher Kulturrat (s.o.). Hier finden sich zu allen im Text angesprochenen Themen vielfältige Informationen, Dossiers und weiterführende Hinweise. Es gibt zudem über eine enge Zusammenarbeit mit dem Kulturinforationsdienst (KIZ) einen Zugang zu einem umfangreichen Archiv.

www.kupoge.de
Kulturpolitische Gesellschaft (s.o.). Ebenfalls eine zuverlässige Quelle zu aktuellen Vorgängen und konzeptionellen Hintergründen in der Kulturpolitik.

www.unesco.de
Deutsche UNESCO-Kommission. Hier finden sich alle notwendigen Informationen – oft mehrsprachig – über die auch im Text immer wieder angesprochenen Konventionen und internationalen Vorgänge. Man findet hier auch die entsprechenden Dokumente und Texte.

www.bkj.de
Bundesvereinigung Kulturelle Kinder- und Jugendbildung (BKJ). Die BKJ ist der Dachverband für Kinder- und Jugendkulturarbeit. Man findet auf der Homepage sowohl Informationen über aktuelle Abläufe, aber auch ausführliche Texte zu politischen und fachlichen Themen.

www.ccp-deutschland.de
Der cultural contact point ist eine Beratungsstelle für Förderprogramme der Europäischen Union. Er wird gemeinsam von der Kulturpolitischen Gesellschaft und dem Deutschen Kulturrat getragen.

Neu im Programm
Politikwissenschaft

Maria Behrens (Hrsg.)
Globalisierung als politische Herausforderung
Global Governance zwischen Utopie und Realität
2005. 359 S. (Governance Bd. 3)
Br. EUR 32,90
ISBN 3-8100-3561-0

Der Band setzt sich kritisch mit dem Konzept der Global Governance auseinander. Ausgehend von dem Problem einer scheinbar unkontrollierten Globalisierung gehen die AutorInnen der Frage nach, ob und wie die politische Handlungsfähigkeit im internationalen System durch multilaterale Koordinationsmechanismen zurückgewonnen werden kann. Damit liefert der Band eine umfassende Einführung in das Thema und ermöglicht ein tieferes Verständnis von Global Governance.

Ludger Helms
Regierungsorganisation und politische Führung in Deutschland
2005. 237 S. mit 8 Tab. (Grundwissen Politik 38) Geb. EUR 19,90
ISBN 3-531-14789-7

Der Band bietet eine politikwissenschaftliche Gesamtdarstellung der Bedingungen und Charakteristika der Regierungsorganisation und politischen Führung durch Kanzler und Bundesregierung in der Bundesrepublik Deutschland. Im Zentrum der Studie steht eine vergleichende Analyse der politischen Ressourcen und Führungsstile deutscher Kanzler seit Konrad Adenauer. Diese werden auf zwei Ebenen – innerhalb des engeren Bereichs der Regierung und auf der Ebene des politischen Systems – betrachtet. Historische Rückblicke und ein internationaler Vergleich runden die Studie ab.

Richard Saage
Demokratietheorien
Historischer Prozess – Theoretische Entwicklung – Soziotechnische Bedingungen. Eine Einführung
2005. 325 S. mit 3 Abb. (Grundwissen Politik 37) Br. EUR 24,90
ISBN 3-531-14722-6

Dieser Band stellt die Entwicklung der Demokratie und der Demokratietheorien von der Antike bis zur Gegenwart dar. Er erläutert die Veränderungen des Demokratiebegriffs und der wissenschaftlichen Diskussion über die Herrschaftsform und erklärt den Übergang von der alten, auf die Selbstbestimmung des Volkes abzielenden (direkten) Demokratie zur reduzierten Demokratie als Methode der Generierung staatlicher Normen und effizienter Elitenrekrutierung, wie sie sich in der Folge von Kontroversen und politischen Kämpfen herausgebildet hat.

Erhältlich im Buchhandel oder beim Verlag.
Änderungen vorbehalten. Stand: Januar 2006.

www.vs-verlag.de

VS VERLAG FÜR SOZIALWISSENSCHAFTEN

Abraham-Lincoln-Straße 46
65189 Wiesbaden
Tel. 0611.7878-722
Fax 0611.7878-400

Neu im Programm Politikwissenschaft

Birgit Oldopp
Das politische System der USA
Eine Einführung
2005. 220 S. Br. EUR 16,90
ISBN 3-531-13874-X

Diese Einführung wendet sich an Studierende der Politikwissenschaft, die sich mit dem politischen System der USA vertraut machen wollen. Das Buch vermittelt Grundwissen. Dort wo es nützlich erscheint, werden als Kontrast Bezüge zum politischen System der Bundesrepublik Deutschland hergestellt. Dem Einführungscharakter dieses Buches dienen die kurzen Fazite sowie die weiterführende Literatur am Ende der Kapitel und das Glossar, das englische Fachtermini erläutert.

Bernhard Blanke / Stephan von Bandemer / Frank Nullmeier / Göttrik Wewer (Hrsg.)
Handbuch zur Verwaltungsreform
3., völlig überarb. und erw. Aufl. 2005.
XIX, 526 S. Br. EUR 42,90
ISBN 3-8100-4082-7

Das Handbuch zur Verwaltungsreform ist zugleich Einführung und Nachschlagewerk. Es liefert einen breiten Überblick zu Konzepten, Entstehungszusammenhängen, praktischen Anwendungsfeldern und Entwicklungsperspektiven zum Thema Verwaltungsreform. Die dritte Auflage wurde überarbeitet und erweitert.

Hans Zehetmair (Hrsg.)
Der Islam
Im Spannungsfeld von Konflikt und Dialog
2005. 409 S. Br. EUR 29,90
ISBN 3-531-14797-8

Zu Beginn des 21. Jahrhunderts ist das Verhältnis zwischen Europa, dem Westen und der Welt des Islam zu einem beherrschenden Thema geworden. Der Islam übt nicht nur großen Einfluss auf die Politik und Kultur außereuropäischer Weltregionen aus, sondern hat sich zu einem wichtigen Phänomen innerhalb Europas entwickelt. Dieser Band möchte dazu beitragen, Grundlagen und Prinzipien des Islam besser kennen zu lernen, Konfliktpotenziale zu beschreiben, Realitäten und Illusionen gegeneinander abzuwägen und Lösungsmöglichkeiten aufzuzeigen. Ausgewählte Länderstudien widmen sich dem Stand von Reformprozessen und Modernisierungsbestrebungen innerhalb islamischer Gesellschaften.

Erhältlich im Buchhandel oder beim Verlag.
Änderungen vorbehalten. Stand: Januar 2006.

www.vs-verlag.de

VS VERLAG FÜR SOZIALWISSENSCHAFTEN

Abraham-Lincoln-Straße 46
65189 Wiesbaden
Tel. 0611.7878-722
Fax 0611.7878-400

MIX
Papier aus verantwortungsvollen Quellen
Paper from responsible sources
FSC® C105338

If you have any concerns about our products,
you can contact us on
ProductSafety@springernature.com

In case Publisher is established outside the EU,
the EU authorized representative is:
**Springer Nature Customer Service Center GmbH
Europaplatz 3, 69115 Heidelberg, Germany**

Printed by Libri Plureos GmbH
in Hamburg, Germany